互联网企业
商业模式

"互联网+"创新创业案例分析

陈星 程烨 傅德泉◎编著

清华大学出版社

北京

内 容 简 介

本书基于"互联网＋"创新创业课程实践，将课程中整理的 20 个新兴互联网公司的商业模式编撰为"互联网＋"创新创业案例库，同时介绍"互联网＋"创新创业的时代背景、商业计划书的撰写方法等相关内容。

本书可作为高等院校"创新创业教育"课程的教材，也可作为高等院校从事创新创业、就业指导工作的相关人员以及有志创业人员的参考读物。

图书在版编目（CIP）数据

互联网企业商业模式："互联网＋"创新创业案例分析/陈星，程烨，傅德泉编著.—北京：清华大学出版社，2022.8（2025.1重印）

（新经济书库）

ISBN 978-7-302-60109-8

Ⅰ.①互…　Ⅱ.①陈…　②程…　③傅…　Ⅲ.①网络营销—商业模式—案例　Ⅳ.①F713.365.2

中国版本图书馆 CIP 数据核字（2022）第 025181 号

策划编辑：盛东亮
责任编辑：钟志芳
封面设计：李召霞
责任校对：时翠兰
责任印制：丛怀宇

出版发行：清华大学出版社
　　　　　网　　址：https://www.tup.com.cn，https://www.wqxuetang.com
　　　　　地　　址：北京清华大学学研大厦 A 座　　　邮　　编：100084
　　　　　社 总 机：010-83470000　　　　　　　　　邮　　购：010-62786544
　　　　　投稿与读者服务：010-62776969，c-service@tup.tsinghua.edu.cn
　　　　　质量反馈：010-62772015，zhiliang@tup.tsinghua.edu.cn
　　　　　课件下载：https://www.tup.com.cn，010-83470236
印 装 者：小森印刷霸州有限公司
经　　销：全国新华书店
开　　本：170mm×230mm　　印　张：10　　字　数：192 千字
版　　次：2022 年 9 月第 1 版　　印　次：2025 年 1 月第 4 次印刷
印　　数：3901～5400
定　　价：59.00 元

产品编号：095464-01

前　言
PREFACE

2014年9月,在天津召开的世界经济论坛新领军者年会上,"大众创业、万众创新"这一概念被提出。近年来,大学生创新创业逐渐得到了社会的认可,各级人民政府也很重视大学生创新创业的意义和作用,并且出台了一系列鼓励大学生创新创业的政策和活动。国务院印发的《关于进一步做好新形势下就业创业工作的意见》及《关于深化高等学校创新创业教育改革的实施意见》等文件,明确了高校是青年创新创业人才培养的主要载体,是国家实施创新驱动发展战略的执行者。同时,创新创业教育也是推进高等教育综合改革,促进高校毕业生更高质量创业就业的重要举措。事实上,大学生在创业上有明显的优势。首先,大学生受教育程度高,掌握着前沿的科学技术和知识;其次,大学生是非常容易接受新事物的群体,眼界开阔;最后,大学生群体通常富有激情和活力,勇于追求梦想,渴望实现人生价值,这些特质使大学生成为创新创业的主力军。

在上述背景下,笔者依托福州大学"电子商务"和"软件创新设计与创业实践"等课程开展"互联网+"创新创业课程实践。课程从商务应用角度出发,以应用现代"互联网+"创新创业条件和创建"互联网+"商业模式为主线,在了解"互联网+"创新创业课程基本原理的基础上,通过分析商业模式的关键要素和基本方法,对各类互联网创新创业公司和创新创业模式进行分析报告;通过小组的方式进行"互联网+"创新创业的实践,使学生初步掌握策划和撰写商业计划书的能力。在课程开展过程中,一些创新性强、可行性高的项目脱颖而出,经过孵化和完善,并辅以创新创业实践的开展,这些项目得到进一步提升,有些甚至得以实现。

本书基于"互联网+"创新创业课程实践,将课程中整理的20个新兴互联网公司的商业模式编撰为"互联网+"创新创业案例库,供参加创新创业大赛或开展创新创业实践的读者参考和借鉴。本书分为3章,第1章介绍创新创业的时代背景和大学生可参与的创新创业大赛;第2章介绍商业模式的基本概念和商业计划书的撰写方法;第3章详细介绍20个新兴互联网公司的商业模式,分别从背景介绍、产品与服务、盈利模式、市场分析和发展前景5方面分析创新创业案例,期望引发读者对创新创业面临的诸多问题的深入思考并进行借鉴。

本书可作为高等院校"创新创业教育"课程的教材,也可作为高等院校从事创新创业、就业指导工作的相关人员以及有志创业人员的参考读物。

本书的编写和出版得到了清华大学出版社编辑的支持，他们对编写内容提出了宝贵意见。在本书的编写过程中，笔者参考了大量的网络资源和部分企业的官方网站，还借鉴和吸收了国内外专家学者的相关文献资料、书籍和大量研究成果，在此一并表示感谢。

由于笔者水平有限，书中难免有疏漏和不足之处，恳请读者批评指正。

作 者

2022 年 7 月

目　录
CONTENTS

第 1 章　"互联网十"创新创业的时代召唤 ……………………………………… 1

1.1　创新创业的意义和背景 ………………………………………………… 1
　　1.1.1　创新创业的意义 ……………………………………………… 1
　　1.1.2　创新创业的背景 ……………………………………………… 2
1.2　大学生创业 ……………………………………………………………… 2
　　1.2.1　大学生创业的政策 …………………………………………… 3
　　1.2.2　大学生创业应具备的条件 …………………………………… 3
　　1.2.3　大学生创业的主要困难 ……………………………………… 4
1.3　大学生创新创业大赛 …………………………………………………… 5
　　1.3.1　中国"互联网十"大学生创新创业大赛 …………………… 5
　　1.3.2　"创青春"全国大学生创业大赛 …………………………… 9

第 2 章　商业模式与商业计划书 ………………………………………………… 13

2.1　商业模式 ………………………………………………………………… 13
　　2.1.1　商业模式概述 ………………………………………………… 13
　　2.1.2　商业模式的要素 ……………………………………………… 14
　　2.1.3　商业模式的设计与创新 ……………………………………… 14
2.2　商业计划书 ……………………………………………………………… 17
　　2.2.1　商业计划书的作用 …………………………………………… 17
　　2.2.2　商业计划书的基本格式 ……………………………………… 18
　　2.2.3　商业计划书的撰写原则 ……………………………………… 18
　　2.2.4　商业计划书的撰写流程 ……………………………………… 19
　　2.2.5　商业计划书撰写的注意事项 ………………………………… 20
　　2.2.6　商业计划书的内容 …………………………………………… 21

第 3 章　"互联网十"商业模式案例库 ………………………………………… 27

3.1　"小红书"案例分析 …………………………………………………… 27

3.1.1 背景介绍 ·· 27

3.1.2 产品与服务 ·· 28

3.1.3 盈利模式 ·· 30

3.1.4 市场分析 ·· 31

3.1.5 发展前景 ·· 32

3.2 "脉脉"案例分析 ·· 33

3.2.1 背景介绍 ·· 33

3.2.2 产品与服务 ·· 34

3.2.3 盈利模式 ·· 36

3.2.4 市场分析 ·· 37

3.2.5 发展前景 ·· 38

3.3 "即刻"案例分析 ·· 38

3.3.1 背景介绍 ·· 39

3.3.2 产品与服务 ·· 39

3.3.3 盈利模式 ·· 43

3.3.4 市场分析 ·· 43

3.3.5 发展前景 ·· 44

3.4 "微信"案例分析 ·· 45

3.4.1 背景介绍 ·· 45

3.4.2 产品与服务 ·· 45

3.4.3 盈利模式 ·· 48

3.4.4 市场分析 ·· 49

3.4.5 发展前景 ·· 50

3.5 "今日头条"案例分析 ·· 51

3.5.1 背景介绍 ·· 51

3.5.2 产品与服务 ·· 52

3.5.3 盈利模式 ·· 54

3.5.4 市场分析 ·· 54

3.5.5 发展前景 ·· 55

3.6 "虎扑"案例分析 ·· 56

3.6.1 背景介绍 ·· 56

3.6.2 产品与服务 ·· 57

3.6.3 盈利模式 ·· 59

3.6.4 市场分析 ·· 60

3.6.5　发展前景 ……………………………………………… 61

3.7　"抖音"案例分析 ………………………………………… 61

3.7.1　背景介绍 ……………………………………………… 61

3.7.2　产品与服务 …………………………………………… 62

3.7.3　盈利模式 ……………………………………………… 65

3.7.4　市场分析 ……………………………………………… 66

3.7.5　发展前景 ……………………………………………… 67

3.8　"唱吧"案例分析 ………………………………………… 67

3.8.1　背景介绍 ……………………………………………… 67

3.8.2　产品与服务 …………………………………………… 68

3.8.3　盈利模式 ……………………………………………… 71

3.8.4　市场分析 ……………………………………………… 71

3.8.5　发展前景 ……………………………………………… 73

3.9　Keep 案例分析 …………………………………………… 74

3.9.1　背景介绍 ……………………………………………… 74

3.9.2　产品与服务 …………………………………………… 75

3.9.3　盈利模式 ……………………………………………… 77

3.9.4　市场分析 ……………………………………………… 77

3.9.5　发展前景 ……………………………………………… 80

3.10　"超级课程表"案例分析 ………………………………… 81

3.10.1　背景介绍 …………………………………………… 81

3.10.2　产品与服务 ………………………………………… 82

3.10.3　盈利模式 …………………………………………… 84

3.10.4　市场分析 …………………………………………… 85

3.10.5　发展前景 …………………………………………… 86

3.11　"作业帮"案例分析 ……………………………………… 87

3.11.1　背景介绍 …………………………………………… 87

3.11.2　产品与服务 ………………………………………… 88

3.11.3　盈利模式 …………………………………………… 90

3.11.4　市场分析 …………………………………………… 91

3.11.5　发展前景 …………………………………………… 92

3.12　"拼多多"案例分析 ……………………………………… 92

3.12.1　背景介绍 …………………………………………… 93

3.12.2　产品与服务 ………………………………………… 93

3.12.3 盈利模式 ·· 96
3.12.4 市场分析 ·· 96
3.12.5 发展前景 ·· 97
3.13 "闲鱼"案例分析 ·· 98
3.13.1 背景介绍 ·· 98
3.13.2 产品与服务 ·· 100
3.13.3 盈利模式 ··· 103
3.13.4 市场分析 ··· 103
3.13.5 发展前景 ··· 104
3.14 "美团"案例分析 ··· 105
3.14.1 背景介绍 ··· 105
3.14.2 产品与服务 ·· 106
3.14.3 盈利模式 ··· 108
3.14.4 市场分析 ··· 108
3.14.5 发展前景 ··· 111
3.15 "盒马鲜生"案例分析 ·· 111
3.15.1 背景介绍 ··· 111
3.15.2 产品与服务 ·· 112
3.15.3 盈利模式 ··· 116
3.15.4 市场分析 ··· 116
3.15.5 发展前景 ··· 118
3.16 "滴滴出行"案例分析 ·· 119
3.16.1 背景介绍 ··· 119
3.16.2 产品与服务 ·· 120
3.16.3 盈利模式 ··· 123
3.16.4 市场分析 ··· 124
3.16.5 发展前景 ··· 125
3.17 "穷游"案例分析 ··· 126
3.17.1 背景介绍 ··· 126
3.17.2 产品与服务 ·· 127
3.17.3 盈利模式 ··· 130
3.17.4 市场分析 ··· 130
3.17.5 发展前景 ··· 131
3.18 "去哪儿"案例分析 ··· 132

3.18.1　背景介绍 ································· 132

3.18.2　产品与服务 ······························· 132

3.18.3　盈利模式 ································· 135

3.18.4　市场分析 ································· 135

3.18.5　发展前景 ································· 137

3.19　"小猪短租"案例分析 ···························· 137

3.19.1　背景介绍 ································· 138

3.19.2　产品与服务 ······························· 138

3.19.3　盈利模式 ································· 140

3.19.4　市场分析 ································· 140

3.19.5　发展前景 ································· 143

3.20　"收钱吧"案例分析 ····························· 143

3.20.1　背景介绍 ································· 143

3.20.2　产品与服务 ······························· 144

3.20.3　盈利模式 ································· 146

3.20.4　市场分析 ································· 146

3.20.5　发展前景 ································· 147

参考文献 ·· 149

第 1 章

"互联网＋"创新创业的时代召唤

1.1 创新创业的意义和背景

创新创业是当今时代的旗帜,社会发展需要创新,各领域的发展也需要创新。社会的进步都有两个基础性的发展过程:一个是教育,另一个是创业。教育担负着开启年轻人心智、培养年轻人成长的重任,而创业就是把想法变成现实的过程。社会的变革和发展都终将会通过这两个基础性的发展带动其他领域的发展。

1.1.1 创新创业的意义

创业的本质是一种生活方式,是一个人或团队寻求机会、整合资源、创造价值、体现价值的过程,因此创业可以挖掘个人潜力,把个人自身优势发挥得淋漓尽致,从而体现自身价值。

马斯洛提出的人类需求层次理论,从低到高依次为生理需求、安全需求、归属和爱的需求、尊重需求和自我实现需求。马斯洛把"自我实现需求"看作是区别于其他 4 种需求的最高级别。自我实现亦即"实现自我价值",是人类充分利用外在和内在条件发挥自身潜力的心理需求,是一种把人的潜力发挥到极致的根本欲望。人们追求成功的动机正是来源于"自我实现"的需求。创业者战胜困难、超越自我、冲破逆境,进而体现自身的价值,就是把追求自我实现的心理需求变成一种内生的动力。

对于个人,开发自己的创新能力来提高创业能力和生存竞争能力已是必由之路。大量实践证明,具有较高创新能力的人,不仅工作适应面广,而且完成工作的质量也高,创造的效益远大于创新能力低的人。从大学生自身来看,技术创新是创业获得市场认可的手段。大学生既没有资金,也没有关系,更没有相关的工作经验,而他们所拥有的正是社会所需要的创新精神和能力,只有运用自身的技术创新能力才能在创业的道路上获得成功。

就业充分,人民才能安居乐业,国家才能繁荣富强,只有存在大量的创业者,才能为广大的劳动者拓宽就业渠道,才能使每个人的才能无论大小都能得到充分发挥。扩大就业,实现比较充分的社会就业是全面建成小康社会的基础目标,是全面提高人民收入和生活水平的根本保证。只有创业的人多了,经济发展了,就业问题才能得到根本改善。

1.1.2 创新创业的背景

"大众创业、万众创新"是指全民的创业和创新,这一概念于 2014 年 9 月在天津召开的"世界经济论坛新领军者"年会上提出。为了实现这一宏伟蓝图,国家出台了一系列政策,主要聚焦于创新体制机制,实现创业便利化;优化财税政策,强化创业扶持;搞活金融市场,实现便捷融资;发展创业服务,构建创业生态;建设创业创新平台,增强支撑作用;促进多种人群创业;拓展城乡创业渠道等。

在国家政策激励下,大学生创新创业的现实意义更加凸显。这一群体受教育程度高,容易接受新事物,眼界宽广,掌握着前沿科学和技术,富有激情和活力,勇于追求梦想,渴望实现人生价值,是创新创业活动中的主力军。

我们正处在一个崇尚创新创业的时代,创新创业已经成为时代的主旋律。国家鼓励各种形式的创新创业,积极鼓励和扶持大学生自主创业。尤其近年来,大学生就业问题十分突出,受到党和政府的高度重视。党的十七大就提出了"实施扩大就业的发展战略,促进以创业带动就业"的总体部署,鼓励和扶持大学生自主创业,发挥创业的就业倍增效应。党的十九大又提出"坚持就业优先战略和积极就业政策,实现更高质量和更充分的就业"。

创业是当今社会拉动经济发展的重要引擎,是当今社会解决就业问题的根本途径,是当今社会促进民族进步的重要手段。我们正处在一个转型时期,处于一个伟大的时代,这个时代推陈出新,孕育着无限商机。这正是大学生自主创业、大显身手的良好时机。从世界经济发展情况看,知识经济为创业者提供了良好的创业机遇;从我国经济社会发展情况看,产业结构调整为大学生创业者提供了绝好机遇。

1.2 大学生创业

大学生创业者是创业者群体中特殊的一类,相较于其他创业者,大学生普遍拥有更高的文化素养,更能够接受新事物,但是也缺乏社会经验,经历的磨炼和挫折较少,这些情况使大学生在进行创业时面临特殊的挑战。

1.2.1 大学生创业的政策

依据 2018 年国务院《关于推动创新创业高质量发展打造"双创"升级版的意见》中的相关政策,对大学生创业的政策主要包括以下方面。(获取最新的国家及各级地方就业创业帮扶政策,建议创业者多关注当地的相关部门的网站通知。)

(1)国家支持大学生自主创业,市场主体类型有个体工商户、个人独资企业、合伙企业、农民专业合作社、有限责任公司。

(2)持人力资源和社会保障部门核发的《就业创业证》的高校毕业生在毕业年度内创办个体工商户、个人独资企业的,3 年内按每户每年 8000 元为限额依次扣减其当年实际应缴纳的增值税、城市维护建设税、教育费附加和个人收入所得税。对高校毕业生创办的小型微利企业,按国家规定享受相关税收支持政策。例如,大学毕业生新创办咨询业、信息业、技术服务业的企业,经税务部门批准,免征企业所得税两年;新办交通运输、邮电通信的企业或经营单位,经税务部门批准,第一年免征企业所得税,第二年减半征收企业所得税;新办公用事业、商业、物资业、对外贸易业、旅游业、物流业、仓储业、居民服务业、饮食业、教育文化事业、卫生事业的企业或经营单位,经税务部门批准,免征企业所得税一年。

(3)符合条件的大学生自主创业,可在创业地按规定申请一定额度的创业担保贷款。对个人发放的创业担保贷款,在贷款基础利率基础上上浮 3 个百分点以内的,由财政给予贴息。

(4)毕业两年以内的普通高校学生从事符合范围要求的个体经营的,自其在工商部门首次注册登记之日起 3 年内,免收管理类、登记类和证照类等有关行政事业性收费。

(5)很多高校和社会机构都提供孵化器,对符合条件的大学生创业企业提供免费场地和办公设备,并减免水电、物业等费用。

(6)自主创业的大学生可享受学校面向全体学生开放的大学科技园、创业园、创业孵化基地、教育部工程研究中心、各类实验室、教学仪器设备等科技创新资源和实验教学平台。作为大学生,可以参加全国大学生创新创业大赛,创意设计、创业计划等专题竞赛。

(7)有自主创业意愿的大学生可享受高校实施的弹性学制,如放宽学生修业年限、允许调整学业进程、保留学籍休学创业等管理规定。

1.2.2 大学生创业应具备的条件

大学生创业应具备如下条件:

（1）创业知识的储备。大学生长期待在校园里，对社会缺乏了解，他们的市场开拓、企业运营经验较匮乏。可以通过在企业打工或者实习来积累相关的管理和营销经验，或者通过参加创业培训积累创业知识，接受专业指导，以提高创业成功率。

（2）资金的准备。没有资金，再好的创意也难以转化为现实的生产力。创业者须具备一定的商业基础知识，例如资金来源选择债权还是股权，给投资人什么作为保障等。创业者可以开拓思路、多渠道融资，除了银行贷款、自筹资金等传统途径外，也可以充分利用风险投资、创业基金等融资渠道。

（3）技术和兴趣。大学生（尤其是打算在高科技领域创业的大学生）创业的特色在于用技术换资本，运用所掌握的先进技术开发具有独立知识产权的产品，吸引投资商进行投资。

1.2.3 大学生创业的主要困难

大学生创业的主要困难有如下情形：

（1）眼高手低。高科技创业项目往往需要较大的启动资金，创业风险和压力很大，大学生如果自身能力不足，对创业的期望值又过高，很容易失败。因此，大学生创业要脚踏实地，从小做起，积累经验和能力，逐渐成长。

（2）纸上谈兵。缺乏经验是目前大学生创业过程中的普遍问题，不少大学生创业者没有对其产品或项目做市场调查的意识，而只是进行理想化的推断。在了解市场的基础上创业才能长久。

（3）不重视团队。在强调团队合作的今天，创业者靠单打独斗获得成功的概率很低，而且风险投资商在投资时更看重有合作能力的创业团队。只有团队成员之间强强合作，取长补短，创业才可能成功，一个有凝聚力的团队比单枪匹马的创业者创业更容易成功。创业计划容易复制，而团队的整体实力是难以复制的。

（4）创业融资困难。没有资金的创业必然无法开展，绝大多数大学生创业者本身并没有足够支撑创业的资金，也没有可抵押的财产，虽然初创时有一些融资优惠政策支持，但企业在成长过程中会面临各种风险，一旦资金周转出现问题，很难从银行等金融机构获取贷款。

（5）知识产权保护不足。由于社会对知识产权的观念仍较为淡薄，再加上一些地方监管不到位，因此对初创企业来说，知识产权维权的时间、金钱和人力成本都难以承担。

（6）创业风险管理缺位。创业是一种高风险的活动，但大学生创业者往往对创业抱有理想化、乐观化的态度，因此在创业遇到困境甚至失败的情况下，其生理和心理会受到影响，进而引起其他的不良后果。

（7）缺乏社会支持。社会上有些人在观念上对创业怀有偏见，认为大学生毕业后应该优先考虑当公务员或到国企、大企业就业，自主创业不是一个稳定的就业选择。

1.3　大学生创新创业大赛

大学生创新创业大赛是指一些适合大学生参加的，专业性、认知度和影响力也较大的创新创业赛事。大学生通过参与创新创业大赛，不仅检验了自己的创业项目，而且锻炼了自己的能力，还有机会结识其他创业者和投资者，是大学生创业者展示自己创业项目的最佳平台。下面对影响力较大的中国"互联网＋"大学生创新创业大赛和"创青春"全国大学生创业大赛做简要介绍。

1.3.1　中国"互联网＋"大学生创新创业大赛

中国"互联网＋"大学生创新创业大赛首次举办于 2014 年，大赛是我国深化创新创业教育改革的重要载体和关键平台，已成长为覆盖全国所有高校、面向全体大学生、影响最大的高校"双创"盛会。每届中国"互联网＋"大学生创新创业大赛的主题、赛事内容、参赛组别等会结合时代发展有新的内涵。下面以第七届中国"互联网＋"大学生创新创业大赛为例，对大赛相关信息进行介绍。

1. 大赛简介

第七届中国"互联网＋"大学生创新创业大赛于 2021 年 4 月正式启动，至 2021 年 10 月结束。第七届大赛为全面落实习近平总书记给中国"互联网＋"大学生创新创业大赛"青年红色筑梦之旅"大学生回信的重要精神，深入推进大众创业、万众创新，推动高等教育高质量发展，加快培养创新创业人才，以"我敢闯，我会创"为主题，总体目标为更中国、更国际、更教育、更全面、更创新，传承跨越时空的伟大的井冈山精神，聚焦"五育"并举的创新创业教育实践，推进赛事组织线上、线下相融合，打造共建共享、融通中外的创新创业盛会。

大赛任务有以下几点：

（1）以赛促教，探索人才培养新途径。全面推进高校课程思政建设，深化创新创业教育改革，引领各类学校人才培养范式深刻变革，建构素质教育发展新格局，形成新的人才培养质量观和质量标准，切实提高学生的创新精神、创业意识和创新创业能力。

（2）以赛促学,培养创新创业生力军。服务构建新发展格局和高水平自立自强,激发学生的创造力,激励广大青年扎根中国大地,了解国情民情,在创新创业中增长智慧才干,坚定执着追求理想,实事求是地闯出新路,把激昂的青春梦融入伟大的中国梦,努力成长为德才兼备的有为人才。

（3）以赛促创,搭建产教融合新平台。把教育融入经济社会产业发展,推动互联网、大数据、人工智能等领域成果转化和产学研用融合,促进教育链、人才链与产业链、创新链有机衔接,以创新引领创业,以创业带动就业,努力形成高校毕业生更高质量创业、就业的新局面。

2. 比赛内容

第七届中国"互联网＋"大学生创新创业大赛的主体是"1＋1＋6"系列活动。

第一个"1"是主体赛事,包括高教主赛道（含国际参赛项目）、"青年红色筑梦之旅"赛道、职教赛道和萌芽赛道,增设产业命题赛道。

第二个"1"指"青年红色筑梦之旅"活动,继续在更大范围、更高层次、更有温度、更深程度上开展。

"6"是6项同期活动,包括"慧秀中外"国际大学生创新创业成果展、"慧智创业"中国民族品牌主理人面对面、"慧展华彩"历届大赛优秀项目对接巡展、"慧治创新"全球乡村振兴智慧化高端论坛、"慧云闪耀"全球数字化教育云上峰会、"慧聚未来"国际青年学者前沿思辨会。

3. 参赛要求

参赛要求如下：

（1）参赛项目能够将移动互联网、云计算、大数据、人工智能、物联网、下一代通信技术、区块链等新一代信息技术与经济社会各领域紧密结合,服务新型基础设施建设,培育新产品、新服务、新业态、新模式;发挥互联网在促进产业升级以及信息化和工业化深度融合中的作用,促进制造业、农业、能源、环保等产业转型升级;发挥互联网在社会服务中的作用,创新网络化服务模式,促进互联网与教育、医疗、交通、金融、消费、生活等深度融合（各赛道参赛项目类型会有差异）。

（2）参赛项目须真实、健康、合法,无任何不良信息,项目立意应弘扬正能量,践行社会主义核心价值观。参赛项目不得侵犯他人知识产权;所涉及的发明创造、专利技术、资源等必须拥有清晰合法的知识产权或物权;抄袭盗用他人成果、提供虚假材料等违反相关法律法规的行为,一经发现即刻丧失参赛相关权利并自负一切法律责任。

（3）参赛项目涉及他人知识产权的,报名时须提交完整的具有法律效力的所有人书面授权许可书等;已在主管部门完成登记注册的创业项目,报名时须提交营业执照、登记证书、组织机构代码证等相关证件的扫描件、单位概况、法定代表人情况、股权结构等。参赛项目可提供当前真实的财务数据、已获投资情况、带动就业情况等相关证明材料。在大赛通知发布前,已获投资 1000 万元及以上或在 2020 年及之前任意一个年度的收入达到 1000 万元及以上的参赛项目,请在总决赛时提供投资协议、投资款证明等佐证材料。

(4) 参赛项目不得含有任何违反《中华人民共和国宪法》及其他法律、法规的内容。须尊重中国文化,符合公序良俗。

(5) 参赛项目根据各赛道相应的要求,只能选择一个符合要求的赛道报名参赛。已获本大赛往届总决赛各赛道金奖和银奖的项目,不可报名参加本届大赛。

(6) 参赛人员(不含师生共创参赛项目成员中的教师)年龄不超过 35 岁。

4. 评审规则

大赛从五个维度进行评审,详细评审规则如下:

(1) 创新维度(分值:30)。

① 具有原始创新或技术突破,取得一定数量和质量的创新成果(专利、创新奖励、行业认可等)。

② 在商业模式、产品服务、管理运营、市场营销、工艺流程、应用场景等方面取得突破和创新。

(2) 团队维度(分值:25)。

① 团队成员的教育、实践、工作背景、创新能力、价值观念等情况。

② 团队的组织构架、分工协作、能力互补、人员配置、股权结构以及激励制度合理性情况。

③ 团队与项目关系的真实性、紧密性,团队对项目的各类投入情况,团队未来投身创新创业的可能性情况。

④ 支撑项目发展的合作伙伴等外部资源的使用以及与项目有关的情况。

(3) 商业维度(分值:20)。

① 商业模式设计完整、可行,项目已具备盈利能力或具有较好的盈利潜力。

② 项目目标市场容量及市场前景,项目与市场需求匹配情况,项目的市场、资本、社会价值情况,项目落地执行情况。

③ 对行业、市场、技术等方面有翔实的调研,并形成可靠的一手材料,强调实地调查和实践检验。

④ 项目对相关产业升级或颠覆的情况;项目与区域经济发展、产业转型升级相结合情况。

(4) 就业维度(分值:10)。

① 项目直接提供就业岗位的数量和质量。

② 项目间接带动就业的能力和规模。

（5）引领教育（分值：15）。

① 项目的产生与执行充分展现团队的创新意识、思维和能力，体现团队成员解决复杂问题的综合能力和高级思维。

② 突出大赛的育人本质，充分体现项目成长对团队成员创新创业精神、意识、能力的锻炼和提升作用。

③ 项目充分体现多学科交叉、专创融合、产学研协同创新等发展模式。

④ 项目所在院校在项目的培育、孵化等方面的支持情况。

⑤ 团队创新创业精神与实践的正向带动和示范作用。

5. 比赛赛制

比赛赛制说明如下：

（1）大赛主要采用校级初赛、省级复赛、总决赛三级赛制（不含萌芽赛道以及国际参赛项目）。校级初赛由各院校负责组织，省级复赛由各地负责组织，总决赛由各地按照大赛组委会确定的配额择优遴选推荐项目。大赛组委会将综合考虑各地报名团队数（含邀请国际参赛项目数）、参赛院校数和创新创业教育工作情况等因素分配总决赛名额。

（2）大赛共产生 3200 个项目入围总决赛（港澳台地区参赛名额单列），其中高教主赛道 2000 个（国内项目 1500 个、国际项目 500 个），"青年红色筑梦之旅"赛道 500 个，职教赛道 500 个，萌芽赛道 200 个。

（3）高教主赛道每所高校入选总决赛项目总数不超过 5 个，"青年红色筑梦之旅"赛道、职教赛道、萌芽赛道每所院校入选总决赛项目各不超过 3 个。

6. 赛程安排

赛程安排如下：

（1）参赛报名（2021 年 4 月）。各省级教育行政部门及各有关学校负责审核参赛对象资格。参赛团队通过登录"全国大学生创业服务网"（网址为：cy. ncss. cn）或微信公众号（名称为"全国大学生创业服务网"或"中国'互联网＋'大学生创新创业大赛"）任一方式进行报名。在服务网的资料下载板块可下载学生操作手册，指导报名参赛，微信公众号可进行赛事咨询。

报名系统开放时间为 2021 年 4 月 15 日，报名截止时间由各地根据复赛安排自行决定，但不得晚于 2021 年 8 月 15 日。国际参赛项目通过"全球青年创新领袖共同体促进会"官网（网址为：www. pilcchina. org）进行报名，具体安排另行通知。

（2）初赛与复赛（2021 年 6—8 月）。各地各学校登录 cy. ncss. cn/gl/login 进行大赛管理和信息查看。省级管理用户使用大赛组委会统一分配的账号进行登录，校级账号由各省级管理用户进行管理。初赛与复赛的比赛环节、评审方式等由各校、各地自行决定，赛事组织须符合本地常态化疫情防控要求并制定应急预案。

各地应在 2021 年 8 月 31 日前完成省级复赛,并完成入围总决赛的项目遴选工作(推荐项目应有名次排序,供总决赛参考)。国际参赛项目的遴选推荐工作另行安排。

(3)总决赛(2021 年 10 月下旬)。大赛设金奖、银奖、铜奖和各类单项奖;另设高校集体奖、省市组织奖和优秀导师奖等。评审规则将于近期公布,请登录全国大学生创业服务网(cy.ncss.cn)查看具体内容。大赛专家委员会对入围总决赛项目进行网上评审,择优选拔项目进行总决赛现场比赛,决出各类奖项。

大赛组委会通过全国大学生创业服务网、教育部大学生就业服务网(新职业网)为参赛团队提供项目展示、创业指导、投资对接和人才招聘等服务,各项目团队可登录上述网站查看相关信息,各地可利用网站提供的资源,为参赛团队做好服务。华为技术有限公司将为参赛团队提供多种资源支持。

1.3.2 "创青春"全国大学生创业大赛

"创青春"全国大学生创业大赛自 2014 年开办,每两年一届,其宗旨是培养创新意识、启迪创意思维、提升创造能力、造就创业人才,是一项具有导向性、示范性和群众性的创业竞赛活动。"创青春"全国大学生创业大赛每届的主要比赛形式和内容基本相同,但大赛组别、大赛主题和奖项设置有所差异。下面以 2020 年"创青春"全国大学生创业大赛为例,对赛事相关内容进行介绍。

1. 大赛简介

"创青春"全国大学生创业大赛前身为自 1999 年起举办的"挑战杯"中国大学生创业计划竞赛,2014 年,"挑战杯"中国大学生创业计划竞赛进行全面改革和提升,成为"创青春"全国大学生创业大赛,每两年举办一届。2020 年大赛下设 3 项主体赛事:大学生创业计划竞赛、创业实践挑战赛和公益创业赛。

2. 比赛内容

比赛内容包括:

(1)创业计划竞赛。面向高等学校在校学生,以商业计划书评审、现场答辩等作为参赛项目的主要评价内容。参加竞赛项目分为已创业与未创业两类;分为农林、畜牧、食品及相关产业,生物医药,化工技术和环境科学,信息技术和电子商务,材料,机械能源,文化创意和服务咨询 7 个组别。实行分类、分组申报。其中,已创业与未创业的申报要求如下:

① 拥有或授权拥有产品或服务,并已在工商、民政等政府部门注册登记为企业、个体工商户、民办非企业单位等组织形式,且法人代表或经营者为符合《"创青春"全国大学生创业大赛章程》第十五条规定的在校学生、运营时间在 3 个月以上(以省赛网络报备时间为截止日期)的项目,可申报已创业类。

② 拥有或授权拥有产品或服务,具有核心团队,具备实施创业的基本条件,但尚未在工商、民政等政府部门注册登记或注册登记时间在 3 个月以下的项目,可申报未创业类。

(2)创业实践挑战赛。面向在校学生或毕业未满 3 年的高校毕业生且已投入实际创业 3 个月以上的项目(截止计算时间为 2020 年 4 月 30 日,具体以省赛通知为准),拥有或授权拥有产品或服务,并已在工商、民政等政府部门注册登记为企业、个体工商户、民办非企业单位等组织形式,竞赛申报不区分具体类别、组别,以经营状况、发展前景、营销策略和财务管理等作为参赛项目的主要评价内容。

(3)公益创业赛。面向高等学校在校学生,以创办非营利性质社会组织的计划和实践等作为参赛项目的主要评价内容。拥有较强的公益特征(有效解决社会问题,项目收益主要用于进一步扩大项目的范围、规模或水平)、创业特征(通过商业运作的方式,运用前期的少量资源撬动外界更广大的资源来解决社会问题,并形成可自身维持的商业模式)、实践特征(团队须实践其公益创业计划,形成可衡量的项目成果,部分或完全实现其计划的目标成果)的项目,申报不区分具体类别、组别。

3. 参赛要求

参赛要求如下:

(1)参赛对象。

① 中国公民。

② 申报人年龄不超过 35 周岁(含),其中由团队申报的参赛项目,团队总人数不多于 5 人,且团队平均年龄不超过 30 周岁(含),年龄划分以 2020 年 6 月 30 日为界。

③ 科技创新初创组、乡村振兴初创组、互联网初创组和社会企业初创组申报人员为普通高校全日制学生(包括在校生、毕业 3 年以内含 3 年的毕业生)。在校生包括本专科生、研究生,不含在职生;毕业生为毕业 3 年以内含 3 年的本专科生、研究生,不含在职生(团队成员均须符合参赛人员条件)。毕业年限划分以 2020 年 6 月 30 日为界。

(2)参赛项目。

① 符合国家法律法规和国家产业政策。

② 不得侵犯他人知识产权。

③ 具有良好的经济效益、社会效益,经营规范,社会信誉良好。

④ 尚未接受过投资或仅接受过早期投资(种子轮、天使轮或 A 轮投资)。

⑤ 掌握具有较大投资价值的独特产品、技术或商业模式。

⑥ 科技创新初创组、乡村振兴初创组、互联网初创组和社会企业初创组申报项目须拥有或授权拥有产品或服务,并已在工商、民政等政府部门注册登记为企

业、个体工商户、民办非企业单位、农民专业合作社等组织形式,且作为大学生自主创业典型的项目。参赛团队第一负责人必须为申报项目法定代表人或经营者,自2020 年 6 月 30 日至大赛项目奖励金拨付前,申报项目法定代表人不得变动。

（3）项目申报。

① 未进行企业登记注册的参赛项目。该项目须提交商业计划书,对市场调研、创业构想和项目发展等有详细介绍。可同时出具专利、获奖和技术等级等省级以上行业主管部门出具的证书或证明。第一申报人须为产品开发、项目设计主要负责人,与相关证书或证明一致。

② 已进行企业登记注册的参赛项目。该项目须提交营业执照、税务登记证副本和银行开户许可证复印件等相关文件,项目成长过程或生产流程相关介绍,项目发展构想及阶段性成果等资料。涉及国家限制行业和领域的,需有相关资质证明。第一申报人须为企业法定代表人,且持有该企业股份。科技创新初创组、乡村振兴初创组、互联网初创组和社会企业初创组的参赛项目,还需提供团队成员毕业证书或学生证电子扫描件。台湾青年创业组第一申报人须为企业法人代表和项目主导人,且持有该企业股份的台湾青年。

4. 评审规则

参赛项目不同,其评审的侧重点也有所区别。

（1）实践类项目的评审要点主要包括项目陈述、市场分析、公司运营、财务管理、团队建设和回答问题 6 个方面,考核指标分别如下。

① 项目陈述:项目的产业背景和市场竞争环境;项目所面对的目标人群;项目的独创性、领先性和实现产业化的途径等。

② 市场分析:明确表述该产品或服务的市场容量与趋势、市场竞争状况;细分目标市场及消费者描述,估计市场份额和销售额。

③ 公司运营:公司定位准确,计划科学、严密;组织机构严谨;各发展阶段目标合理;结合项目特点制订合适的市场营销策略,包括对自身产品、技术或服务的价格定位、渠道建设和推广策略等。

④ 财务管理:资金来源与运用、盈利能力分析和风险资金退出策略等。

⑤ 团队建设:配合默契,分工明确。

⑥ 回答问题:准确理解评委提出的问题,回答要具有针对性;思路清晰,逻辑严密,语言简洁流畅;例证、数据科学、准确、真实;在规定时间内完成陈述和答辩。

（2）创意类项目的评审要点主要包括创业思路、项目陈述、项目实操、财务管理、团队建设和回答问题 6 个方面,考核指标分别如下。

① 创业思路:具备一定的先进性,商业模式可操作,满足创业的要求。

② 项目陈述:明确表述产品或服务及市场进入策略和市场开发策略;商业目

的明确、合理；全盘战略目标合理、明确。

③ 项目实操：项目的应用前景、风险，问题分析的准确性，方案的合理性与可操作性。

④ 财务管理：股本结构与规模、资金来源与运用和盈利能力分析等。

⑤ 团队建设：分工明确，配合默契，体现团队精神。

⑥ 回答问题：能准确理解问题并做出相应回答；语言简洁流畅，逻辑严密；论证准确、真实；陈述和答辩满足规定时间要求。

（3）公益类项目的评审要点主要包括公益性、创业性和实践性 3 个方面，考核指标分别如下。

① 公益性：对社会问题关注深入，立项所针对的问题具体且受到关注较多。

② 创业性：能够通过具有创新性、普适性和可推广性的商业模式，不断引入大量新资源来维持项目本身，且项目能持续发展。

③ 实践性：很好地结合了人员、资源等实际情况，设定了切实可行的项目进度及目标，有丰富的实践成果。

5. 比赛赛制

全国评审委员会对各省（自治区、直辖市）报送的 3 项主体赛事的参赛项目进行复审，分别评出参赛项目的 90% 左右进入决赛。3 项主体赛事的奖项统一设置为金奖、银奖和铜奖，分别约占进入决赛项目总数的 10%、20% 和 70%。

大赛以高校为单位计算参赛得分并排序。计分方法如下：

（1）大学生创业计划竞赛，金奖项目每个计 100 分，银奖项目每个计 70 分，铜奖项目每个计 30 分，上报至全国组织委员会，未通过复赛的项目每个计 10 分。

（2）创业实践挑战赛，金奖项目每个计 120 分，银奖项目每个计 90 分，铜奖项目每个计 50 分，上报至全国组织委员会，未通过复赛的项目每个计 10 分。

（3）公益创业赛，金奖项目每个计 100 分，银奖项目每个计 70 分，铜奖项目每个计 30 分，上报至全国组织委员会，未通过复赛的项目每个计 10 分。

如遇总得分相等，则以获金奖的个数决定同一名次内的排序，以此类推至铜奖。

6. 赛程安排

大赛总体上分为校赛、省赛和国赛 3 个层面，以及预赛、复赛和决赛 3 个阶段来开展。其中，校赛、省赛的时间和具体形式由各高校各地区结合自身实际组织开展。2020 年 4—5 月，将有各省（自治区、直辖市）针对大赛下设的 3 项主体赛事组织本地预赛或评审；2020 年 7—8 月举办全国复赛；2020 年 9—10 月举办全国决赛。参赛需首先通过高校的校级选拔，才能进入省赛乃至全国复赛和决赛。大赛举办过程中，全国组织委员会不接受高校或个人的申报。

第 2 章

商业模式与商业计划书

2.1 商业模式

创业者在创业之前，必须思考创业的目的以及为了达到目的所开展的所有工作。这些工作的实现方法就是商业模式。

2.1.1 商业模式概述

实现商业模式的计划就是商业计划。创业者只有拥有明确的商业模式和可执行的商业计划才能创业成功。概括到所有商业活动上，商业模式可以是企业与企业之间、企业各部门之间、企业与顾客之间、企业与渠道之间的交易关系和联结方式的总和。

成功的商业模式往往具有如下一些特征。

（1）创新性。人类社会从低级到高级、从简单到复杂的进化历程，就是一个不断创新的过程。创新是指在判断或改变旧事物的过程中做出新的发现，提出新的见解，开拓新的领域，解决新的问题，创造新的事物，或者为了某种目的能够对前人、他人已有的成果进行创造性的应用。商业模式的创新可以体现在企业经营的各个方面。

（2）价值性。企业通过自身的独特价值保证市场占有率，通过向消费者提供独特的价值赢得市场。独特的价值可能是新的思想、产品或服务，也可能是它们之间的组合。通过向消费者提供附加的价值，使消费者能用更低的价格获得同样的利益，或者用同样的价格获得更多的利益。

（3）竞争壁垒。成功的商业模式需要通过确立自身的特殊性来建立行业壁垒，提高竞争者模仿、复制的成本和难度，可以是技术壁垒或者是生产流程的独特性等。

（4）盈利能力。除具有公益性质的商业活动外,商业活动的目的往往是盈利,只有盈利,企业才能持续健康发展,才可以在激烈的市场竞争中生存下去。互联网行业常有以抢夺流量为主的商业行为,但迟迟找不到稳定持续变现的手段,只能靠不断融资维持,说明其商业模式还处在摸索阶段,此类商业模式显然是需要改进的。

2.1.2　商业模式的要素

商业模式是一种包含了一系列要素及其关系的概念性工具,用以阐明某个特定实体的商业逻辑。但由于对商业模式构成要素的认识是基于其对商业模式概念的认识衍生而来的,导致对商业模式的构成要素存在不同见解。从各种观点来看,尽管有所不同,但一般都会重视客户、市场和资源等要素。商业模式是一个由各种要素组成的整体,必须是一个结构,各组成要素之间必须有内在逻辑关系,才能把各组成部分有机地联系起来,相互作用,形成一个良性发展的有机体。例如国内学者魏炜、朱武祥提出六要素模型,他们认为一个完整的商业模式包含六个要素:

（1）定位。一个企业要想有足够的生存空间并能实现持续盈利,必须要明确自身的定位。定位就是指企业应该做什么,它决定了企业应该提供什么样的产品和服务满足消费的需求。定位是商业模式的出发点,也是企业战略选择的结果。

（2）业务系统。业务系统是指企业达成定位所需要的业务环节、各合作伙伴扮演的角色以及利益相关者合作与交易的内容和方式。业务系统是商业模式的核心。

（3）关键资源能力。关键资源能力是指让业务系统运转所需要的重要的资源和能力。

（4）盈利模式。盈利模式是指企业获得收入、赚取利润的方法。具体来说,是指在给定的业务系统中,各价值链所有权和价值链结构已经确定的前提下,企业利益相关者之间利益分配格局中企业利益的表现。

（5）自由现金流结构。自由现金流结构是企业经营过程中产生的现金收入扣除现金投资后的状况,不同的现金流结构反映了企业在定位、业务系统、关键资源能力以及盈利模式等方面的差异,体现了企业商业模式的不同特征,决定了企业投资价值的高低、企业投资价值递增的速度以及企业受资本市场青睐的程度。

（6）企业价值。企业价值即企业的投资价值,是企业预期未来可以产生的自由现金流的贴现值,它是评判企业商业模式优劣的标准。

2.1.3　商业模式的设计与创新

成功的商业模式可以帮助企业在市场竞争中取得胜利,实现快速增长。每一个创业者都想为自己设计一个独特的、全新的商业模式超越其他企业。

1．商业模式的设计思路

商业模式是指企业如何创造价值、传递价值和获取价值的基本原理,包含业务系统和盈利模式等方面。商业模式设计就是企业的基本盈利假设和实现方式,以及由此产生的不同价值链和不同资源配置的模式,其目的是最大化企业价值。

一个优秀的商业模式不是一开始就完善的,而是需要不断优化改进。由于企业自身的发展,从初创到规模扩大,各种内部条件都在变化,商业模式需要不断地进行修正。再有外部环境也在变化,产业环境和竞争态势复杂多变,商业模式也需要进行新的设计和调整。因此商业模式设计是一个不断试错、修正和反复的过程,也是分解企业价值链和价值要素的过程,涉及要素的组合和增加。商业模式设计必须要基于企业现有的资源和市场竞争的现实。

商业模式设计的思路可以遵循以下 5 个方面的核心要求:

(1)寻求最佳定位。定位就是企业应该做什么,它决定了企业应该提供什么特征的产品和服务实现客户的价值。定位的核心是寻找一个差异化市场,并为这个市场提供满足需要的、有价值的、独特的产品,让消费者愿意为此付费。定位首先要选择最有潜力提供长期利润增长的消费群,并确定为他们提供什么样的独特价值。当价值向新的领域转移时,定位也要跟进,定位是企业战略选择的结果,也是商业模式体系中其他部分的起点。寻找一个可持续增长、大规模、发展快速的市场,才是优秀市场定位的关键因素。

(2)锁定目标客户。商业模式设计的另一个重要要求就是锁定目标客户。初创者最常犯的错误是不知道客户是谁,或者认为所有人都是客户。如果一个创业项目想服务所有的人,最终可能会失败。分析和把握客户需求的关键是识别和满足新的或潜在的客户需求,或者掌握客户未被满足的隐性需求,从产品创新转变为需求创新,以便发现新的增长机会。

(3)构建业务系统。业务系统主要指企业与客户、供应商及其他合作伙伴所形成的价值链网络,它反映的是企业与内外利益相关者之间的交易关系。业务系统的构建是商业模式设计的核心部分,商业模式的与众不同和难以模仿主要通过业务系统之间的差异来体现。企业在构建独特的业务系统时,一是要针对不同的利益相关者,确定关系的种类及相应的交易内容和方法;二是在明确各利益相关者在价值链中的业务活动之后,制定出科学合理的利益分配机制,实现共赢。业务系统中利益相关者之间形成的关系网络是一套复杂的运行机制,深嵌在企业价值链中,因此不易被对方模仿。

(4)设计关键资源能力。业务系统决定了企业所要进行的活动,而要完成这些活动,让商业模式有效运转,企业需要掌握和使用一整套复杂的有形资产和无形资产的技术和能力,这些称为关键资源能力。挖掘和运用企业的关键资源能力,有助于形成和打造核心竞争力。

（5）设计盈利模式。盈利模式指企业结合目标客户及价值主张,设计可能的收费对象、收入来源和定价,从为客户提供的价值中获得收入、分配成本和利润。良好的盈利模式能为企业带来利益,更能为企业编制一张稳定、共赢的价值网。现代企业的盈利模式不尽相同。相同行业的企业,其定位和业务系统不同,盈利模式也不同,即使定位和业务系统相同的企业,其盈利模式也可能不同。设计盈利模式的最终目标是使收入大于支出。

设计商业模式如果能做到投资少,运行成本低,有高度可规模化的、大量的潜在客户,这就是一个有前景的商业模式,也是初创者追求的目标。

2. 商业模式的创新

成功的企业一般都具有非常好的商业模式,但是也会面临被其他企业快速模仿而带来的竞争。所以,企业和初创者不但要学习如何设计商业模式,更应该去研究成功的商业模式,学会如何从商业模式的设计中为企业找到新市场,在市场竞争中保持先发优势或构筑结构性壁垒。

商业模式创新和技术创新一样,也会经历原始创新、被模仿、再创新的生命周期。商业模式的创新可分为两种模式,即商业模式的原始创新和模仿创新。

（1）商业模式的原始创新。

用之前没有的新的商业模式为消费者提供产品和服务,这样的商业模式就是原始创新。原始创新可以发生在现存企业中,也可以伴随新生企业的出现而出现。

根据实现方式,商业模式的原始创新可分为构成要素创新、系统性创新和逆向思维创新三种。构成要素创新指组成商业模式的构成要素发生的数量、组成、内涵等方面产生的不同于以往的商业模式的创新改变。系统性创新指从整体出发的对商业模式进行的创新和构建。逆向思维创新可以看作是求异思维推动的一种反其道而行之的创新方法,让思维向对立面的方向发展,从问题的相反面深入探索,从而产生新思想,创立新形象。

（2）商业模式的模仿创新。

更多的商业模式创新属于模仿创新。模仿是创新的基础,几乎一切成功的商业模式都是在不断模仿的基础上进行创新的。

根据实现方式,商业模式的模仿创新可分为全盘复制和借鉴提升两种。全盘复制是指对优秀企业的商业模式进行直接复制,有时也需要略加修正。全盘复制主要适用于行业内的企业,同属于一个细分市场或拥有相同产品的企业。借鉴提升是指学习研究优秀的商业模式,总结优秀商业模式的核心内容或创新概念,与自身企业现阶段商业模式中的相关内容进行对比,并查找问题和不足。几乎所有成功的商业模式创新都是通过将模仿得来的商业模式与其他商业模式或资源结合在一起,赋予全新的形式或内容。

2.2　商业计划书

商业计划书是创业者计划创立的业务的书面摘要,可以意指为创业计划书,是创业者就某一项具有市场前景的新产品或服务,向潜在投资者、合作伙伴等游说以取得合作支持或投资的可行性商业报告。

2.2.1　商业计划书的作用

商业计划书的编写一般按照相对标准的文本格式进行,是全面介绍公司或项目发展前景,阐述产品、市场、竞争、风险及投资收益和融资要求的书面材料。有了一份详尽的商业计划书,就好像有了一份业务发展的指示图,它会时刻提醒创业者应该注意什么问题,规避什么风险,最大限度地帮助创业者获得来自外界的帮助。

商业计划书的作用大致表现在以下几方面:

(1) 帮助创业者自我评价,理清思路,做最后的决策。在创业融资之前,每个创业者心里都有一份商业计划,对于一个新手大学生来说,通过系统写一份商业计划书,把自己的想法明确下来,方便审核检查,理清思路,发现问题,因此,商业计划书首先应该是给创业者自己看的。创业者对自己具有的资源、已知的市场情况和初步的竞争策略做尽可能充分详尽的分析,并提出一个初步的行动计划,撰写商业计划书可使自己心中有数。商业计划书也是风险分析的必要手段。一个还未开展的项目往往很模糊,通过撰写商业计划书,把优势、劣势、各种理由都书写下来,然后再逐条推敲,创业者就可以对项目有更加清晰的认识。

(2) 帮助创业者凝聚人心,吸引人才,有效管理。一份完美的商业计划书可以增强创业者的自信,使创业者对经营更有把握。因为商业计划书提供了项目的现状和未来发展的方向,也可以提供项目的效益评价体系和管理监控指标。商业计划书使得创业者在创业实践中有章可循。商业计划书通过描绘新创企业的发展前景和成长潜力,使管理层和员工对企业及个人的未来充满信心,并明确要从事什么项目和活动,从而使大家充分了解将要充当什么角色,完成什么工作,以及是否胜任这些工作。因此,商业计划书对于创业者吸引所需要的人力资源,凝聚人心,具有重要作用。

（3）帮助创业者对外宣传，说服投资人，获得融资。商业计划书作为一份全方位的项目计划，它对即将展开的创业项目进行可行性分析的过程，也是在向风险投资商、银行、客户和供应商等对象宣传企业理念和经营方式，包括企业的产品、营销、市场及人员、制度、管理等各个方面。在一定程度上，商业计划书也是拟建企业对外进行宣传和包装的文件。

一份完美的商业计划不但会增强创业者自己的信心，也会增强风险投资家、合作伙伴、员工、供应商、分销商对创业者的信心，而这些信心，正是企业走向创业成功的基础。

2.2.2 商业计划书的基本格式

商业计划书可以由下列结构组成：

（1）封面。封面可以包含公司名称、项目名称、电话、电子邮件、联系人、公司或项目主页、日期等信息，也可以放上突出企业或项目特点的图片，增加美观效果。

（2）保密要求。保密要求主要是创业者要求投资方妥善保管商业计划书，未经同意，不得向第三方公开商业计划书涉及的商业秘密。

（3）摘要。摘要是整个创业项目的概括，目的是用简洁的语言将创业项目的要点、特色展示出来。摘要是商业计划书读者首先要看的内容，应该要让读者产生兴趣，留下深刻印象，并渴望得到更多的信息。摘要应能体现出投资者最关心的问题：创业项目的基本情况、局限性、竞争对手、营销和财务策略、管理队伍构成等情况。

（4）目录。目录应标明各部分内容及页码。

（5）正文。正文是商业计划书的主体部分。可以从创业项目基本情况、团队、产品服务、技术研究与开发、行业及市场预测、经营管理、融资计划、财务预测、风险控制等方面进行介绍。要求有翔实的数据资料使人信服。

（6）附录。附录是对正文中涉及的相关数据资料的补充，作为备查资料。

2.2.3 商业计划书的撰写原则

商业计划书如果不完善或漏洞百出，很容易让投资者猜测创业项目本身也不完善或有缺陷。创业者要把商业计划书的撰写过程看作一个完善反思的过程，其撰写的原则如下：

（1）客观严谨，用数据说话。商业计划书的内容应保证真实性，所有数据具有合理的出处，支撑论据要合理。不要有任何的数据修饰或造假行为，一旦被发现就会失去企业经营中最重要的诚信。

（2）内容完整，结构合理。商业计划书在形式上要条理清楚，一般必须遵循一定的常规结构。商业计划书的读者时间有限,期待看到自己感兴趣的关键信息,如果在应该看到关键信息的地方没有看到,会影响读者的阅读体验,甚至会使读者放弃继续阅读。

（3）表达准确,突出重点。撰写商业计划书尽可能使用通俗易懂的语言,尽量少用专业领域术语,适当地配合数字、图表辅助文字描述。创业的目的不仅是追求企业的发展,还要有创造利润的可能,要突出经济效益。切勿凭主观意愿高估市场潜力或报酬,低估经营成本,夸大其词。

（4）优势竞争性。商业计划书中呈现创业团队在资源、经验、产品、市场及经营管理能力方面的优势,展现组建经营团队的思路和人员的互补作用,尽可能突出专家的作用、高管人员的优势、专业人才队伍的水平。明确市场导向的观点,指出企业的市场机会与竞争威胁,把握并充分显示对于市场现状的掌握与对未来发展进行预测的能力。

（5）格式清晰,装帧简洁大方。商业计划书应避免过分装饰,避免表达和语法的错误,确保不遗漏关键信息。

2.2.4　商业计划书的撰写流程

商业计划书包括附录在内,一般应控制在几十页,过于冗长的商业计划书会让阅读的人失去耐心。整个商业计划书的撰写是一个循序渐进的过程,可以遵照以下步骤开展:

（1）搜集一些较成功的商业计划书范文、模板和相关资料,学习写作手法,理清自己的撰写思路。

（2）商业计划构想具体化。初步提出计划的构想,包括创业模式、预期可能碰到的各种问题。

（3）市场调查。例如市场需求调查,与行业内的专业人士进行接触,了解整个行业的市场状况,如产品价格、销售渠道、客户分布及市场发展变化的趋势等。通过市场环境调查,了解国家的方针、政策和法律法规,了解经济结构、购买力水平、风俗习惯和气候等影响市场营销的因素。还有其他一些市场调查内容,主要目的是了解营销环境,发现问题和机遇。

（4）对竞争者的调查。确定潜在的竞争对手,并分析行业的竞争方向。通过一切可获得的信息来查明竞争对手的策略,以便创业者制订合理的营销策略,快速占领市场份额。

（5）财务分析。财务分析包括对公司价值的评估,必须保证所有的可能性都考虑到了,详细而精确地考虑实现目标所需的资金。

（6）商业计划书的写作与修改。商业计划书经过初步起草后,还可以咨询律师或顾问的意见,确保文字内容不会被误解。计划完成以后,仍然可以进一步论证计划的可行性,并跟踪信息的积累和市场的变化,不断完善整个计划。

2.2.5　商业计划书撰写的注意事项

融资用的商业计划书,七分策划,三分包装。可以说,商业计划书是技术和艺术的统一体。商业计划书撰写的注意事项如下。

(1) 尽量精炼,突出重点。撰写商业计划书的目的是让投资者了解商业计划,要开门见山,使投资者在最短时间内了解最多的内容。例如,要第一时间让读者知道公司的业务类型,避免在最后一页才提及公司经营性质;要明确阐明公司的目标,以及为达到目标所制定的策略与战术;要陈述公司需要的资金、时间和用途,并给出一个清晰和符合逻辑的投资策略;要注重企业内部的经营计划和预算编制,而一些具体的财务数据则可留待下一次会见时谈。

(2) 换位思考。撰写商业计划书的一个重要方法就是换位思考,即融资者要设身处地假设自己是一位战略合作人或风险投资人,自己最关心的问题是什么,自己判断的标准是什么。也就是说,要按照阅读商业计划书的投资人的思路去写商业计划书,这样就容易弄清哪些是重点,应该具体描述,哪些可以简单描述,哪些是不必要的内容,从而获取投资者的青睐。

撰写商业计划书应避免用过于技术化的词语描述产品或生产运营过程,应尽可能用通俗易懂的条款,使读者容易理解。

(3) 以充分的调查、数据、信息为基础。市场销售是投资获利的基础,对此,融资人要充分考察市场的现实情况,广泛收集市场现有的产品、竞争、潜在市场、潜在消费者等具体信息,使市场预测建立在扎实的调查和数据之上,否则后面的生产、财务、投资回报预测就都成了空中楼阁。因此,商业计划书中不能用含糊不清或无确实根据的陈述或结算表。

同时,在收集资料时一定要做到客观公正,避免仅收集对自己有利的信息而不去搜集或者故意忽略对自己不利的信息。一般来说,战略投资者或风险投资家都是一些非常专业的人士,提出的问题会非常尖锐,如果只收集对自己有利的信息,在遇到质疑时就会显得考虑和准备不充分。

(4) 实事求是,适度包装。商业计划书的作用固然重要,但它仍然只是一个敲门砖,过度包装是无益的。企业应在盈利模式打造、企业市场开拓、技术研发等方面下功夫,否则,即使有了机会也把握不住。

(5) 不过分拘泥于格式。商业计划书固然有很多约定俗成的格式,但很多投资者在实际运作中正在忽略这种格式,从而直接关注几个关键点,关注他们想看到的东西,因此,企业在撰写商业计划书的过程中,不要过分拘泥于固定的格式,需把企业的优势、劣势都展示给投资者。

部分投资者或其代理机构有时候会要求企业必须提供固定格式的计划书,在格式上做文章,有可能是融资骗局。

2.2.6　商业计划书的内容

商业计划书的内容可由以下部分组成:

(1) 封面。商业计划书的封面除了应简洁美观外,还要包含一些必要的信息。首先是企业的名称、联系信息,以及警示阅读保密的条款信息。如果已有独特的商标,可以把商标融合到封面设计中;如果为了封面的美观,也可以把联系信息和保密事项等信息放到计划书的扉页中。

(2) 摘要。摘要是为了吸引商业计划书阅读者的注意,而将商业计划书的核心内容提炼出来制作而成的,它是整个商业计划书的精华,涵盖计划书的要点。一般要在所有主体内容编制完毕后,再把主要结论性内容摘录于此,以求一目了然,在短时间内给读者留下深刻的印象。摘要并非商业计划的引言或前言,而是整个商业计划的精华。摘要最好一页,至多不超过两页。

在摘要中,创业者一般要突出以下内容:

① 创业项目所处的行业经营的性质和范围。

② 创业项目主要产品的内容。

③ 创业项目的市场在哪里?客户有哪些?他们有哪些需求?

④ 创业项目的合伙人、投资人是谁?

⑤ 创业项目的竞争对手是谁?竞争对手对项目的发展有何影响?

⑥ 创业项目如何投资以及投资的数量和方式。

⑦ 创业项目投资回报及安全保障。

⑧ 创业项目的长远目标和近期目标,将采用的战略和策略等。

摘要如同推销产品的广告,编制人要反复推敲,力求精益求精、形式完美、语句清晰流畅而富有感染力,以引起投资人阅读商业计划书全文的兴趣。要特别详细地说明自身企业的不同之处以及企业取得成功的市场因素。

(3) 目录。目录有助于读者更容易地找到感兴趣的信息。

(4) 背景介绍。背景介绍可以让人清晰地了解项目由来,把握项目市场的价值。一般可以从政策、经济、社会及技术四个方面介绍产品背景。

(5) 企业介绍。企业介绍部分主要向战略合伙人(或者风险投资者)介绍融资企业或项目的基本情况。具体而言,如果企业处于种子期或创建期,现在也只是一个美妙的商业创意,那么应重点介绍创业者的成长经历、求学过程,并突出其性格、兴趣、爱好与特长,阐述创业者的追求、独立创业的原因,以及如何产生创意等。

如果企业处于成长期,应简明扼要地介绍企业过去的发展历史、现在的状况以及未来的规划。具体而言,企业介绍包括企业概述、名称、地址、联系方式、业务状况、发展经历、企业未来发展的详尽规划、企业与众不同的竞争优势、法律地位、公共关系、知识产权、财务管理情况、纳税情况、涉诉情况等。在描述企业发展历史时,好的和坏的经验都要写,特别不要回避以往的失误,而是要对失误进行客观的描述,中肯地进行分析,这样反而能够赢得投资者的信任。

(6)创业团队介绍。创业团队通常包括企业创建者和关键管理人员。商业计划书应该提供创业团队成员的个人简介,显示出该成员为何能够胜任创业项目。主要是向投资者展现企业管理团队的结构、管理水平和能力、职业道德与素质,使投资者了解管理团队的能力,增强投资信心。应主要介绍管理团队、技术团队、营销团队的工作简历、取得的业绩,尤其是与目前从事工作有关的经历。在管理团队介绍部分还应对企业组织结构进行简要介绍,包括企业的组织结构图、各部门的功能与责任、各部门的负责人及主要成员、企业的报酬体系等。要让投资者认识到创业团队具有与众不同的凝聚力和团结精神,管理团队人才济济且结构合理,在产品设计与开发、财务管理、市场营销等方面均具有独当一面的能力,足以保证企业以后发展的需要。

(7)产品(服务)介绍。产品(服务)是商业计划的具体承载物,是商业计划项目的卖点,是投资者最终能否得到回报的关键。产品(服务)要有商业价值,应以市场为导向,而不能以纯技术为导向,因为有市场机会的创意才最有价值,才能够满足目标市场的需求。创业者应对其描述得尽量详细且清晰,应突出产品(服务)的特点和潜在的商业价值、技术的领先性、是否适应现有消费水平、对技术前景准确合理的判断、所有权状况等内容。对此,创业者应该充分信任风险投资者,不要过分担心自己的技术专利会被风险投资者所窃取而有所隐瞒。

通常,产品(服务)介绍一般包括以下内容(以产品为例):产品的名称、特性及用途;产品处于生命周期的阶段、市场竞争力;产品的研发和开发过程;产品的技术改进、更新换代或新产品研发计划及相应的成本;产品的市场前景预测;产品的品牌和专利。

在产品介绍部分,创业者要对产品做出详细的说明,说明要准确,也要通俗易懂,使非专业投资者也能明白。一般情况下,产品介绍要附上产品原型、照片或其他介绍。具体来说,产品介绍必须回答以下问题:

① 顾客希望企业的产品能解决什么问题?顾客能从企业的产品中获得什么好处?

② 企业的产品与竞争对手的产品相比有哪些优缺点?顾客为什么会选择本企业的产品?

③ 企业为自己的产品采取了何种保护措施？企业拥有哪些专利、许可证，或与已申请专利的厂家达成了哪些协议？

④ 为什么企业的产品定价可以使企业产生足够的利润？为什么用户会大批量购买企业的产品？

⑤ 企业采用何种方式改进产品的质量、性能？企业对发展新产品有哪些计划？

此外，对于一些以技术研发为重点的高新技术企业来说，还要对相关技术及其研发情况进行分析，包括企业技术来源、技术原理、技术先进性、技术可靠性，公司的技术研发力量和未来的技术发展趋势，公司研究开发新产品的成本预算及时间进度，技术的专利申请、权属及保护情况，技术发展后劲和技术储备等。使投资者对企业的技术研发队伍的实力，以及企业未来竞争发展对技术研发的需要有所了解。

产品（服务）介绍的内容比较具体，写起来相对容易。虽然夸赞自己的产品是推销所必需的，但应注意，创业者和投资者所建立的是一种长期合作的伙伴关系，空口许诺只能得益于一时，如果企业不能兑现承诺，不能偿还债务，企业的信誉必然要受到极大的损害。

(8) 市场分析与预测。创业者必须对市场竞争情况及各自优势认识清楚，分析透彻，并部署出明确的竞争战略，才能使企业创业获得成功。因此创业企业必须要对行业和市场进行分析。行业和市场分析主要对企业所在行业的基本情况、企业的产品（或服务）的现有市场情况及未来市场前景进行分析，使投资者对产品（或服务）的市场销售状况有所了解。这是投资者关注的重点内容之一。

行业分析主要介绍行业发展趋势、行业发展中存在的问题、国家有关政策、市场容量、市场竞争情况、行业主要盈利模式、市场策略等。

市场分析主要介绍已有的市场用户情况、新产品（或服务）的市场前景预测等几方面。

介绍已有的市场用户情况时，要分析企业在以往经营中拥有的用户情况、市场占有率、市场竞争情况，以及是否已经建立了完整的市场营销渠道等。

市场前景预测，首先要对需求进行预测，包括市场是否存在对这种产品的需求；需求程度是否可以给企业带来所期望的利益；新的市场规模有多大；需求发展的趋势及状态如何；需求的影响因素有哪些；新产品的潜在目标顾客和目标市场是什么等。

市场前景预测还要介绍市场竞争的情况，即对企业所面对的竞争格局进行分析：市场中主要的竞争者有哪些；是否存在有利于本企业产品的市场空当；本企业预计的市场占有率是多少；本企业进入市场会引起竞争者怎样的反应；这些反应对企业会有什么影响；等等。

为此，企业首先应尽量扩大收集信息的范围，重视对环境的预测，并采用科学的预测手段和方法。其次要注意自己所假设的一些前提条件（特别是宏观经济发展趋势、消费者偏好、消费能力等）应切合实际，并且要根据前期条件可能发生的变化，对市场前景预测做出必要的调整，千万不能单凭想象做出不切实际的美好前景估计。

（9）盈利模式和市场营销策略。企业的盈利和发展最终都要由市场检验，营销成败直接决定了企业的命运。

营销策划的内容应包括营销机构和营销队伍的建立、营销渠道的选择和营销网络的构建、广告策略、促销策略、价格策略、市场渗透与开拓计划、市场营销中意外情况的应急对策等。

在介绍市场营销策略时，创业者要讨论不同营销渠道的利弊，要明确哪些企业主管专门负责销售，主要使用哪些促销工具，以及促销目标的实现和具体经费的支出等。

一般来说，中小企业可选择的市场营销策略有以下几种：

① 集中性营销策略，即企业只为单一的、特别细的市场提供一种类型的产品。这种方法尤其适用于那些财力有限的小公司，或者是为某种特殊类型的顾客提供服务方面确实有一技之长的组织。

② 差异性营销策略，即为不同的市场设计和提供不同类型的产品。这种策略大多被实力雄厚的大公司所采用。

③ 无差异性营销策略，即只向市场提供单一品种的产品，希望它能引起整体市场上全部顾客的兴趣。当人们的需求比较简单，或者产品（或服务）并不被人们认为很重要时，该策略较为适用。

（10）财务分析与预测。财务是风险投资者最敏感的问题，所以清晰、明了的财务报表是对创业者最基本的要求。创业者应对资金需求的额度具备足够的认识，必要时还可以请教专业人士。对于已成立的企业，财务状况分析与预测应包含过去 3 年的财务状况分析、今后 3 年的发展预测。投资者可根据这些内容判断企业未来经营的财务状况，进而判断其投资能否获得理想的回报，因而它是决定投资决策的关键因素之一。

① 过去 3 年的财务状况，包括过去 3 年的现金流量表、资产负债表，以及损益表和每年度的财务总结报告。如果企业刚刚成立，应该介绍创业者对财务管理重要性的认识。

② 今后 3 年的发展预测，主要明确说明财务预测的依据、前提假设和预测方法，然后给出企业未来 3 年预计的资产负债表、损益表和现金流量表。

财务分析与预测的依据、前提假设是投资者判断企业财务预测准确性和财务管理水平的标尺，也是投资者关注的焦点，其主要依据包括企业的经营计划、市场计划的各项分析和预测。也就是说在这部分要明确回答下列问题：

① 产品在每个时期的销售量是多少？

② 什么时候开始产品线扩张？扩张之后的规模是多大？

③ 每件产品的生产费用是多少？

④ 每件产品的定价是多少？

⑤ 使用什么分销渠道？所预期的成本和利润是多少？

⑥ 需要雇佣哪几种类型的人员？雇用何时开始？工资预算是多少？

由于财务分析与预测在企业经营管理中的重要地位，因此企业需要花费较多的精力做具体分析，必要时最好与专家顾问进行商讨。

对于中小企业来说，财务分析与预测既要为投资者描绘出美好的合作前景，同时又要使这种前景建立于坚实的基础之上，否则反而会令投资者怀疑企业管理者的诚信或财务分析、预测及管理能力。

（11）融资计划。融资计划主要是根据企业的经营计划提出企业资金需求数量，融资的方式和工具，投资者的权益、财务收益及其资金安全保障，投资退出方式等，它是资金供求双方共同合作前景的计划分析。

融资计划的主要内容如下：

① 融资数额是多少？已经获得了哪些投资？希望向战略合伙人或风险投资人融资多少？

② 企业未来的资本结构如何安排？企业的债务情况如何？

③ 企业融资所提供的抵押、担保文件，以什么物品进行抵押或者质押？什么人（或机构）提供担保？

④ 投资收益和未来再投资的安排如何？

⑤ 如果以股权形式投资，双方对企业股权、控制权、所有权比例如何安排？

⑥ 投资者介入企业后，企业的经营管理体制如何设定？

⑦ 投资资金如何运作？投资的预期回报怎样？投资者如何监督、控制企业运作？

⑧ 对于风险投资，风险投资的退出途径和方式是企业回购、股份转让还是企业上市？

在融资计划部分，企业既要对融资需求、用途给出令人信服的理由，又要有令人心动的投资回报和投资条件，同时也要注意维护企业自身的利益。融资计划的基础是企业的财务分析与预测。

由于与投资者合作的模式可能有多种，因此还需设计几种备选方案，给出不同盈利模式下的资金需要量及资金投向。

（12）风险分析。刚开始创业时,不可避免地要承担风险。真正的创业者会尽量避免风险并把风险降至最低。风险和回报往往是成比例的,风险越高,回报也越高。风险分析部分主要是向投资者分析企业可能面临的各种风险隐患、风险的大小,以及融资者将采取何种措施来降低或防范风险、增加收益等,主要包括以下几个方面的内容:

① 企业自身各方面的限制,如资源限制、管理经验的限制和生产条件的限制等。

② 创业者自身的不足,包括技术上的、经验上的或者管理能力上的欠缺等。

③ 市场的不确定性。

④ 技术产品开发的不确定性。

⑤ 财务收益的不确定性。

⑥ 针对每种可能存在的风险,企业进行风险控制时所采取的对策或措施。

对于企业可能面临的各种风险,融资者最好采取客观、实事求是的态度,不能因为其产生的可能性小而忽略不计,也不能为了提高获得投资的机会而故意缩小、隐瞒风险因素,而应对企业所面临的各种风险都认真地加以分析,并针对每种可能发生的风险做出相应的防范措施,这样才能取得投资者的信任,也有利于引入投资后双方的合作。

（13）附件和备查资料。附件主要是对商业计划书中涉及的一些内容的细节和数据的来源,以及一些资质证书等不适合直接放在正文中材料的展示。它可以和商业计划书主体部分一起装订成册。备查资料只需列出清单,供投资者有投资意向时进一步查询。

第 3 章

"互联网十"商业模式案例库

3.1 "小红书"案例分析[①]

本节从背景介绍、产品与服务、盈利模式、市场分析以及发展前景 5 个方面对"小红书"进行案例分析。

3.1.1 背景介绍

"小红书"(标识见图 3-1)是一个生活方式平台,也是消费者决策的入口。小红书成立于 2013 年 6 月,最初是一个基于 UGC(User Generated Content,用户生成内容)的生活分享社区,用户可以在这里分享更真实的海外购物体验。2014 年 8 月,小红书在线电子商务平台正式上线,将原来的社区模式升级为电子商务模式,初步完成商业闭环。现在小红书是一个基于 UGC 的生活共享社区和跨境电子商务平台。平台用户分享内容从购物到生活的所有领域,如时尚、护肤、化妆、食物、旅游、视频和书籍。用户通过照片和视频的方式记录和分享生活中的点滴,同时也可以在这里购物,获得完整的消费体验。到 2019 年 1 月,小红书的用户总量已经超过了 2 亿。

图 3-1 "小红书"标识

随着国内经济的持续发展,规模不断扩大的新一代中产阶级的经济状况达到了新的高度。与此同时,由于新的文化和市场环境,人们呼吁一种超越传统观念的生活方式,从而产生了更高的消费需求。当前国内企业的生产理念和产品很难满足中高端消费者群体的需求,所以这一部分人的目光集中到了更加成熟的海外市

---

① 本案例由江宇彤、岑枝咨、陈少昱(来自福州大学 2015 级软件工程专业)提供。

场,从而提高了海外购物热度。因此,淘宝、亚马逊等大型电子商务购物网站都已经推出了海外购物细分市场。但由于信息的不对称,国内用户在购买产品时不能完全了解购物信息,也就是说,用户不知道买什么、在哪里买。此外,对海外信息的封闭和冗余也使很多国内用户得到信息后不能有效识别,这大大增加了他们在国外购物的风险,甚至使他们产生了担忧海外购物和放弃购买的心理。小红书以此作为切入点,打开市场。小红书最早做的是跨境购物攻略,在市场上仍然有一些限制,因为更多人的购物模式仍在国内,后来小红书逐渐扩大市场边界,转成社区模式,实现 UGC 模式,积累忠实用户,保证内容的长期输出。

3.1.2 产品与服务

1. 产品介绍

小红书关注的重点在于提高用户生活质量,目前已从"小红书出境购物攻略"的攻略性质转变为"小红书购物笔记"的社区性质。当前产品定位是明确的:首先作为社区,通过 UGC 的形式,为希望购买国外商品的用户提供实时购物信息和使用体验,然后以跨境社区电商的身份在网上销售精选出的独特选品。总而言之,小红书目前被定位为一个新时代的电子商务社区。

小红书准确定位了用户对象的使用场景:在移动端技术带来的便利条件下,平台用户可以利用自己平时的碎片化时间在平台上像逛街一样浏览自己感兴趣的产品或者博主分享帖,从而催生用户消费购买的欲望,进一步诱导式带动用户采购平台推荐或者博主分享的产品,从而提高电商社区的营销量。此外,小红书依据用户需求优先级对用户群体进行了划分,划分种类总共有三类:基本级需求用户可以从平台上获得比较简单的商品信息,包括商品图片、价格等,此外用户还可以在平台上分享购物心得体会;期望级需求用户希望可以获得更加高质量产品的采购机会,从品质采购渠道上获得正品保证,进而得到别人的认可和欣赏;兴奋级需求用户希望可以享受更高的性价比,采购高质量商品,在他人的认可中满足一定的虚荣心。

"小红书"结构框架如图 3-2 所示。下面对它的主要功能进行介绍。

1) 发现

"发现"界面以网格类型的卡片形式展现其中的内容。这种类型的内容呈现方式比列表型的效率更高,可以确保用户在浏览时能够获得更多的有效信息以及感兴趣的内容。"发现"界面拥有详细的分类,方便用户切换至感兴趣的内容进行浏览。

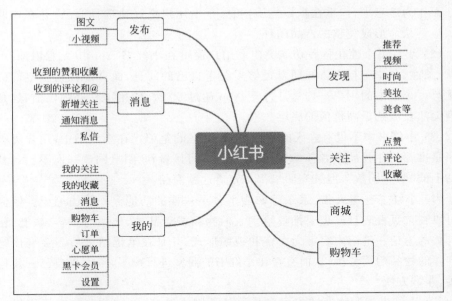

图 3-2 "小红书"结构框架

2）关注

关注功能关注并推荐感兴趣的用户、商家、标签、专辑等，根据用户搜索内容进行推荐。以"卡片＋轮播"形式展现各类笔记，卡片形式展现了关注用户的笔记，同时使用轮播形式展示出关注用户的点赞内容以及可能感兴趣的用户等。

3）发布

发布功能可以通过选择相册、拍照和拍视频三种方式上传笔记，并且自带滤镜和美颜功能（可以选择），符合小红书的目标用户——占比较大的喜欢用滤镜和美颜的女性用户。小红书还有标签功能，既增加了趣味性，又能让用户加入热门话题中，增进用户间的交流。此外，后台也可以根据用户经常用的标签推荐该标签的相关笔记。

4）商城

商城界面以网格形式呈现各商品，详情页展现用户购物笔记，购买界面会有购买信息的弹幕，提醒浏览该商品用户的最新购买信息。

2. 产品特点

小红书产品具有以下特点：

（1）对比传统的电商比价的消费模式，小红书开创的社区型电商模式通过用户自生成产品推荐信息，以社区交流的方式在用户之间传播信息，做到了信息驱动，像是对线下好友推荐的冲动消费场景进行了在线化，从而形成口碑营销新模式。而作为信息平台,重在积累优质信息,帮助用户更好地选择商品,并在中间搭建供应链从而形成完整的产品闭环。

(2) 小红书个性化推荐功能突出。用户通过在小红书 App 中无意识地点赞、收藏、关注、分享等行为告知朋友足够多关于自己的信息,而这是社区型电商的天然优势。小红书的用户平均每月打开 App 超过 50 次,使用 100 分钟以上,这是纯电商无法获取的极高价值的底层数据。

(3) 小红书中不仅有素人的笔记,还有明星的笔记。在小红书中,用户可以看到明星推荐的化妆品或者各类生活信息,可以直接看到"明星同款",而不会像其他网站上的"明星同款",但其实明星都不知道这款商品。

(4) 小红书有与天猫、京东等购物平台不一样的功能——购物笔记。任何人都可以在首页发表自己想要推荐给别人的物品或者其他,比如与美容、减肥、化妆等有关的笔记。笔记内容可为文字和视频形式,并且在笔记结束后还会有该笔记里推荐的物品购买链接,从而直接在小红书的商城进行购买,不用再自己去找购物链接,非常方便。

(5) 小红书的购物商城中大多是海外品牌直销产品,因此购物时不用担心此商品不是真品。此外,"福利社"这一功能也秉承了人们网购的最原始想法——更优惠。福利社每天会有折扣商品或者打折优惠,任何时候都可以享受到购物优惠,也满足了人们的购物省钱心理。

3.1.3 盈利模式

小红书的盈利模式,在产品方面,有口碑营销模式和个性化推荐模式等;在商业方面,有海外直采模式、广告模式、退税服务模式、海淘服务模式和全新的 C2B(Consumer to Business,消费者面向商家)的口碑营销模式(用户数据决定卖家的商品选择)。小红书盈利模式可以梳理为以下几点内容:

(1) 小红书的主要收入来自商品的销售和品牌佣金,少部分来自服务收费和会员的费用。

(2) 小红书还跟海外品牌商或大型经销商建立直接的联系,实现海外直采,并在国内保税区仓库进行备货,从而在降低成本的同时保证真品和发货速度。

(3) 对国外的品牌通过一系列社区后台数据和调查的消费者期望和消费者反馈进行挑选,从而形成长期的合作关系,开创了全新的消费者面向商家口碑营销的模式。用户数据决定了卖家的商品选择,例如小红书和日本护肤品巨头奥尔滨(Albion)的合作。小红书中关于奥尔滨的"健康水"产品相关帖的收藏率高出平均值很多,说明该产品的热度。小红书就是通过分析用户的行为数据发现奥尔滨单品在用户中的喜爱程度,因此小红书与奥尔滨进行了不同方式的合作,探索制定有利于中国市场的长期市场战略。

3.1.4 市场分析

本节将小红书、网易考拉海购和淘宝全球购进行对比,比较维度包括品类的齐全、正品保障、商品描述、商品质量、物流质量、售前服务、售后服务和分享交流。

通过对比,小红书的缺点主要是售前服务一般,产品描述简单,评价方式单一(采用笔记的形式)。小红书的优点是从保税仓中直接发货,产品开放透明,物流比直邮更快,支持 30 天无理由退货,货到之后的使用分享交流便捷。

考拉海购的缺点主要在于很难辨别产品好坏。虽然可以发布带图片的用户评价,但成交量相对较低,许多产品对购买者来说,在购买之前很难辨别好坏,只能通过产品的描述来评估。然而在其他方面,考拉海购做得更细致,虽然没有人工客服,但是有反应灵敏的机器人客服可以回复用户问题,满足用户常见问题的需要。在产品的类别、真实性、质量和物流方面,考拉海购与小红书的经营模式相似。其售后服务不像小红书那样支持 30 天无理由退货,只支持 7 天退货。

淘宝全球购最大的问题是产品是否是正品的问题。因为它是 C2C(Consumer to Consumer,消费者面向消费者),所以有完整的商品类别,但是商品的真假和质量不能保证。由于全球购买的数量相对较多,导致商品绝大多数不支持 7 天无理由退货,这也给用户在购买时带来更大的心理压力。在服务方面,淘宝全球购一般会配备人工客服。虽然淘宝全球购商品的质量可能会有所不同,但用户有很多选择,而且总会有令人满意的服务。

此外,通过 SWOT 模型对淘宝全球购产品做如下分析。

1. 产品优势(Strengths)

(1) 小红书定位十分明确,目标用户定位于具有中高消费能力的年轻女性。这一部分人群的收入水平较高,使得她们的消费意愿和消费能力较强,在平台较好的运营下可以将这类对象转化出较高的商业价值。

(2) 海外中高档女性商品的销售是平台的主要市场,该细分市场内的竞争对手不多,使平台能更好、更快发展,这一点对初创公司来说是十分重要的。

(3) 购物心得分享社区是小红书的核心部分,社区的去中心化性质对于培养用户的参与度是十分有利的。此外,因为产品的用户主要是女性群体中具有海外丰富购物经验和中高端消费能力的一类人,她们所发出帖子的质量远远比其他相同类型产品的帖子质量要高得多,使社区用户具有极高的黏性。高质量的内容导致高转化率。

(4) 小红书自从升级成为社区电商之后,以精选的用户帖子为依据挑选商品,能更精准地满足用户需求。

2．产品劣势（Weaknesses）

（1）所提供的商品品类少，核心用户的需求不能得到满足。

（2）虽然小红书对外声明已经建立了保税区和国外品牌的直购和合作，但是在后端采购商平台的产品供应链和物流服务体系仍然没有成形，这使得产品数量少、物流速度慢，购物体验较差。

（3）小红书作为一个信息平台，以高质量用户经验帖的社区板块形成产品壁垒，但是随着产品知名度的不断提高，用户数量越来越多，可能会有水军出现，同时商家广告数量也会激增，这势必影响产品形象，降低用户好感度从而影响用户黏性。虽然平台也有推出用户举报和管理的监控手段，但是这仍然难以处理海量干扰信息。

3．产品机遇（Opportunities）

（1）市场上缺少一款针对海淘用户量身定做的产品。从海外网站直购或者找代购的时间长、效率低、价格高，而用户对快捷方便海淘的需求大。

（2）海关政策对跨境电商有税收优惠，并缩短了流程，提高报关效率。

（3）人们对于生活分享有需求。朋友圈等社交平台由于过于亲密等原因，一些想法和动态不便发布，小红书提供了很好的分享平台。

4．产品威胁（Threats）

竞品包括淘宝、京东、拼多多等传统电商，以及同样属于跨境电商的网易考拉和淘宝全球购等。

3.1.5　发展前景

小红书从最初关注化妆品的垂直跨境电子商务平台，逐渐发展成为一个全面的跨境电子商务平台。凭借其巨大的 UGC 优势，产品在选择品类上风险小，甚至可以通过运营打造爆款商品，与同类产品相比，库存压力小。在整个电子商务行业，小红书有机会成为全品类的跨境电子商务平台，进行全方位的用户交流。然而这还需要两个必要条件：第一要提高自身影响力，除了自营商品外，还要吸引其他商家入驻，这可能会带来商品质量优劣不等的问题，因此要提高商家资质监控能力；第二是利用笔记的优势，与福利社密切结合，以实现良好的商业模式。

在发展商业模式时，小红书除了广告模式外，还有很多选择：为国外购物的人提供退税服务，即使是那些想买国外商品但暂时不打算出国的消费者，也为他们提供海淘服务；成为目标商户的电子优惠券分发平台。当然，这些商业模式需要大量投资进行市场运作，包括市场运营、人力投入等方面，而小红书不一定适合自己做，但可以与第三方合作扩展到这些领域。

3.2 "脉脉"案例分析[①]

本节从背景介绍、产品与服务、盈利模式、市场分析以及发展前景 5 个方面对"脉脉"进行案例分析。

3.2.1 背景介绍

"脉脉"(标识见图 3-3)是一款集商务社交、职场人脉、精英人才求职为一体的职场社交产品。脉脉通过"人脉网络引擎"和"实名职业认证"的方式帮助职场人士交流合作、拓展人脉、求职招聘,从而使他们获得更多的机会,同时也为他们拓展职场网络,降低社交门槛,实现全行业的交流合作,助力国内职场人士和企业。脉脉的服务范围包含百余个行业,如医疗、房地产、金融贸易、文化传媒、IT 互联网、教育等。脉脉的品牌口号是"成就职业梦想",提出了"职场＝人脉×职脉"的方法论,其中"人脉"指的是人际关系环境,是用户与外部世界进行横向连接的机会;"职脉"指的是职业成长的脉络,是打造每个人纵向的成长轨迹。

图 3-3 "脉脉"标识

脉脉产生的行业背景:移动社交下的职场需求。

在同样的社交平台中,虽然微信掀起了中国社会移动社交的浪潮,并占据了当之无愧的霸主地位,然而微信的定位更像一款大众级别的即时通信软件。在这股浪潮之下,不同的群体也被引导出更加多样化的需求,而这些需求显然不是依靠某一款软件就能全部满足的,毕竟定位不同、圈子不同、需求不同、范围不同,赋予一款软件太多的功能反倒会使其过于臃肿,界面过于繁杂,这与移动 App 的设计理念背道而驰。

脉脉为职场人士的社交活动提供了一个平台,相比起微信的全年龄化,这是个小众需求平台。职场人士的社交跟大众的社交还是存在差异的,人们倾向通过这个平台进行招聘、求职、投资、职场讨论等活动。

---

① 本案例由常德巍、罗羽彦、黄祎洋、吴可强、陈鸿(来自福州大学 2015 级与 2016 级软件工程专业)提供。

3.2.2 产品与服务

1. 产品介绍

脉脉的用户定位于中高端职场人士,其主要功能是优化人脉资源,包括求职招聘、人脉拓展、专属会员、行业动态,这四大基础功能是脉脉通过深度体察中国职场人群需求之后推出的。此外脉脉还通过不断迭代和创新,建立了一种实名动态沟通平台和职业信用认证体系,打造了众多服务,如雇主品牌建设等。和创业过程中投入大量经费的企业不同,脉脉一直在探索用户规模和市场份额更高商业化的可能。

脉脉的用户群可以划分为以下 3 类:

(1) 24～30 岁的用户。该类用户包括大学刚毕业的本科生和研究生以及刚刚进入职场的新人,这部分人群在注重自身技能培养的同时,渴望在工作中尽快成长,对通过这样一个契合的平台与同龄人进行交流,并拓宽与自身的联系,增强自身的竞争力,有着比较强烈的需求。

(2) 31～35 岁的用户。这类用户普遍拥有 5～10 年的工作经验,对于职场社交的需求强烈,需要寻找更多商务合作的机会,而脉脉这样的职场社交平台正是能够帮助他们建立人脉、寻找机遇。这个年龄段的人群对职场社交的需求比较强烈,所以用户占比较高。

(3) 41 岁以上的用户以及 24 岁以下的用户。这个群体的人数较少。41 岁以上的职场人士接受职场社交这样的新事物相对来说比较慢,而 24 岁以下的用户还处于学生时代,对于求职的需求并不是特别强烈,所以这两个年龄段的人数较少。

"脉脉"结构框架如图 3-4 所示。

基于以上框架,脉脉的功能属性可以划分为社交和招聘两大模块。

1) 社交

(1) 可以添加同事或同行好友,进一步丰富人脉圈子。一个刚刚注册脉脉的用户通常会查找自己认识的同事或者同行好友,通过添加一定数量的同事或好友丰富现有人脉圈以及拓展更大的圈子。在职场中,尤其是互联网公司,公与私的界限会比较清晰,在工作上有过对接的人未必会加微信好友,这就造成了一个人如果某一天离职了,离开公司的同时也失去了以前的大多数人脉,而脉脉上的好友关系,至少可以满足用户留住同事关系的需求,无论换多少份工作,自己曾经共事过的同事依旧可以存在于一个圈子里。

(2) 好友动态和非好友动态的更新满足窥私心理。在好友模块下,会有类似于微信朋友圈的动态,同时会有评论功能,用户不仅可以看到好友评论,也可看到非好友,即二级人脉、三级人脉的评论。在"发现"模块下,可以看到非好友圈的动

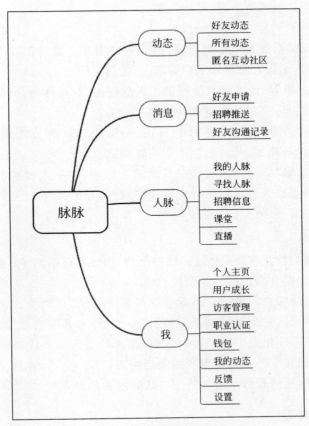

图 3-4　"脉脉"结构框架

态,丰富多彩的动态和话题、专栏文章等可以满足人们对行业信息、热点话题的窥私心理,同时对平台而言,通过对内容的建设与运营,加强了用户的黏性。

（3）急速找人功能提供资源和渠道。用户可在平台找合作、找人才、找投资。脉脉作为一个资源整合的平台,将各类资源聚合在一起供用户相互联系和使用。

（4）阅读区域缓解职场人的知识不足的焦虑。脉脉在"发现"模块下开发了"每日阅读"专栏,用户进入专栏,可以看到行业头条、职场类直播以及脉课堂。行业头条资讯扩充了产品的内容,加强用户的留存。直播和脉课堂提供课程,缓解职场人的知识不足的焦虑,增强用户黏性。

（5）通过匿名区爆料,公司内幕、薪资等信息一网打尽。本公司和理想公司的内部情况、行业乱象、薪资标准等信息,都是职场人很想了解而又很难有渠道获知的。很少有人敢在公共社交平台说自己公司的不好,而薪资更是公司的"高压线"。但脉脉通过匿名的形式让人们敢于说出这些信息,在满足了用户倾诉欲望的同时,也满足了部分用户的八卦心理。

2）招聘

脉脉上的招聘功能类似招聘网站，招聘方和求职者都可以在平台寻找到自己的目标，同时满足了用人需求和求职需求，形成信息闭环。

（1）"脉脉办事"功能。该功能提供了人脉搜索、职位搜索，会员可无限制地查询人脉、职位等信息，打通信息壁垒。

（2）"职位邀请"功能。单位 HR（Human Resource，人力资源）可在平台发布招聘信息，用户可被邀请，从而增加求职或跳槽机会。

（3）"匿名求职"功能。该功能在开放的社区中，在一定程度上保护了个人隐私。在脉脉这种重视人脉求职的社交软件中，企业 HR 可直接联系匿名求职者，比传统的网站招聘有更强的互动性。

2. 产品特点

脉脉最显著的特点在于：通过人脉的延伸，组建自己的圈子；通过不断提升圈子的层次，优化并整合自己的人脉资源。

脉脉之所以能够在职场社交行业中取得领先地位，是因为它在成立之初就明确切入了职场社交这一个重度垂直定位。在社交产品普遍追求大而全的情形下，脉脉走出了一条差异化竞争道路：一方面，脉脉具备传统在线招聘平台所不具备的社交属性，搭建起了一个基于职场的全新生态；另一方面，在社交产品同类化竞争中，聚焦职场为脉脉赢得了清晰的用户认同度和品牌定位。

3.2.3 盈利模式

当前脉脉的主要盈利模式有以下 5 种。

1. 会员服务

为付费用户提供会员专属福利——职场商务版（58 元/月）、职场招聘版和职场 VIP 版，让用户享受会员的优越感，并且可以寻找到三度人脉，比普通用户获取更多信息。

2. 信息流广告

在"动态"信息流中穿插广告，这是脉脉当前唯一有广告标识的商业行为，脉脉对高净值人群更具价值，因为它本身也是优质内容生产者。

3. 职位发布

脉脉通过消息提醒向目标用户发布投简历的邀请，提高招聘职位的曝光率。招聘广告发布者主要有企业 HR 和猎头，广告受众是有相关工作经验的职场人士。招聘广告发布者发布消息后收到大量简历，从中筛选出与岗位匹配度较高的人面试。

4. 广告定投

企业客户付费后,脉脉将其宣传信息以链接形式投放给定向用户群。链接的展现方式包含 HTML5、PPT、视频、招聘 JD(Job Description,职位描述)、活动详情页等。脉脉还通过企业礼金吸引定向用户。广告的收费方式为 CPC(Cost Per Click,单次点击成本)计费。

5. 脉课堂

脉课堂分为好书解读、商业、创投、成长、升职、干货、管理 7 类,主讲人多为职场成功人士,以时长 10 分钟左右的音频和文字稿的形式分享,功能类似喜马拉雅 FM 和在行一点 App,用户先购买再收听整套课程内容。另外,在脉脉头条文章的末尾也会有相关的课程推荐,但没有广告标识,单击进去是课程详情介绍页,猜测脉脉对于脉课堂的内容创建者持鼓励态度,这应该是内部的推广,暂不认为是广告。

3.2.4 市场分析

通过 SWOT 模型对产品做如下分析。

1. 产品优势(Strengths)

(1)脉脉成功搭建起了实名动态沟通平台、职业信用认证体系,打造了雇主品牌建设等服务产品。

(2)综合类社交应用平台的用户活跃度下降,出现大量长尾社交应用并且得到快速增长。差异化竞争将是社交领域未来获胜的关键。正是得益于这样的机会,脉脉凭借着职场社交这一应用场景,以独特的定位填补了中国职场社交这一垂直领域的空缺。

(3)用户可以利用上班闲余碎片化的时间,通过异步与同步方式互动沟通,职场人士能够在脉脉上获取职业信息,整合自己的人脉资源。

2. 产品劣势(Weaknesses)

(1)话题的讨论度不够高。发现区的话题通常只有几十条留言。话题发布后对用户缺乏有力的引导,用户只能随机、被动地看到话题,缺乏激励用户参与讨论的策略。

(2)匿名区负能量信息过多,例如真假消息掺杂,讨论夹带个人情绪,对公司的吐槽太多,这些情况为职场人的身心带来负面影响。平台在运营方面需要做一些调整,减少过多的负能量信息的发布,建造一个具有积极健康氛围的社区。

(3)社会上各阶层的人是按照金字塔的形状分布的,越是在行业内有影响力的人越少,形成的圈子也越小,因此,除了为了整合不同行业资源之外,很难想象会有某个行业的大佬使用脉脉拓展自己的人脉。

3. 产品机遇（Opportunities）

近年来，国内经济平稳运行，快速发展的新动能为扩大和稳定就业提供了坚实的基础，特别是新产业催生的新动能，为就业市场注入了新的活力。

4. 产品威胁（Threats）

（1）有不少竞品，包括领英（LinkedIn）、约秘、探宝、和聊等。

（2）可获得的产品有效信息较少，相关行业的垂直社区，如人人都是产品经理、简书、CSDN 等，更受用户欢迎。

3.2.5 发展前景

官方数据显示，目前在脉脉上注册的用户有超过一半是互联网从业者，因此有必要通过更多渠道引入传统行业的用户，促进互联网与传统行业的交流，更好地实施"企业转型顾问"的商业模式。此外，平台战略的重点是发展双边群体，积累双边群体的话语权。通过吸引高级人才并将其留下来，提高企业服务的话语权是最重要的。可以考虑在这个过程中引入一些媒体，邀请行业资深人士就某个特定的话题进行对话，作为增强个人品牌的渐进过程的一部分。

此外，根据官方数据可以看出，已经进入了发展瓶颈期的脉脉必须进一步寻找下一步的发展战略。首先，脉脉应当帮助用户在完善基础职场社交的基础上，帮助用户构建高效的人脉网络，打通二度人脉，带来更多的人脉拓展。其次，在行业头条、职言等内容生态版块中做好内容通俗、形式吸睛的信息流推荐与精准分发，带来更多新鲜优质的内容，减少经常被诟病的劣质行业谣言，打造良好的内容资讯平台。最后，如何保持平台健康的氛围。现在有一种现象，就是刚进入工作岗位的人也能挂上 CEO(Chief Executive Officer，首席执行官)这样的头衔，个人能力容易被夸大。如果头衔和能力不匹配，平台就会发展不健康，最终重蹈其他类似产品的覆辙。

3.3 "即刻"案例分析[①]

本节从背景介绍、产品与服务、盈利模式、市场分析以及发展前景 5 个方面对

---

① 本案例由李泽民、朱毅伟、梁宝森、林剑威、方向臻（来自福州大学 2015 级与 2016 级软件工程专业）提供。

"即刻"进行案例分析。

3.3.1　背景介绍

"即刻"(标识见图 3-5)是一款以用户所关心的主题作为主要信息推送形式的工具,推送用户想看到的话题。即刻通过爬虫算法结合内容编辑的形式,将用户感兴趣的人物、信息和事件相关主题在消息更新时及时、高效地推送给用户。即刻本着提高人们获取所关注信息效率的初衷,从而形成产品形态。"即刻一方面会制作更加精细、垂直的主题,另一方面优化主题推送服务,更合理利用手机通知栏,希望实现用户和信息的匹配"。即刻 CEO 叶锡东在谈到为什

图 3-5　"即刻"标识

么做即刻时表示"被动式阅读、短文本形式,都是我们觉得信息传递好的方式"。

根据 TalkingData 的季度数据显示,在新闻类目排名中,即刻紧排在今日头条、腾讯新闻、网易新闻、快报和一点资讯之后,排名第 58 位。在现在这样一个信息复杂冗余的环境下,各种推荐算法和软文广告十分流行,而即刻虽然排名不高,但是它可以说是获取资讯的一股清流。与使用算法推测用户感兴趣内容的今日头条相比较,即刻采用更加轻巧的推荐方式,路线偏向于 PGC(Professional Generated Content,专业生产内容)模式,这样获得的信息比算法推荐更加精准,对于即刻的用户真正做到了"你关心的,才推送给你的效果"。

即刻的产生背景梳理为以下几点:

(1) 移动互联网用户数量逐渐与互联网用户总数持平。随着移动互联网的稳步发展,新闻信息产业将进一步发展,中国移动互联网用户数量和网民总数将继续缓慢上升。移动资讯类 App 和巨大的网民基数使得产品发展空间变得十分可观。

(2) 在智能推荐算法的支持下,以大数据和智能算法为背景针对不同用户进行高度定制化的消息推荐,保证用户黏性。

(3) 如今人们生活在一个信息爆炸的时代,信息爆炸使人们在获取自己感兴趣或者有用信息时付出越来越多的时间成本,同时也浪费了大量的精力。即刻就是在这样的环境下产生的,该产品旨在帮助用户精准获得有价值信息,并且可以及时、精准地推送给用户,从而节约用户的时间和精力。

3.3.2　产品与服务

1. 产品介绍

即刻的核心定位是"一个聚集年轻人的同好社区"。即刻以细微的主题作为内容划分的维度,每个主题相当于一个小社区,关注该主题的用户是这个社区的居

民。即刻通过跟踪收集兴趣主题相关信息,并及时推送给用户,满足用户对高质量内容、个性化订阅等方面的需求,同时用户也可以在这个社区中分享自己的一些有趣观点。

"即刻"结构框架如图 3-6 所示。

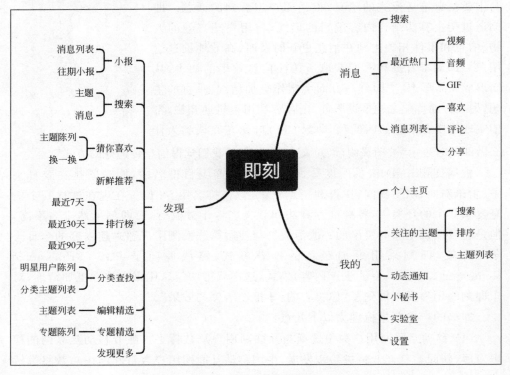

图 3-6 "即刻"结构框架

下面介绍即刻的一些常用功能和使用方法。

1)"发现"页面

(1)搜索:搜索感兴趣的东西。有 2 种类型的搜索对象:主题和消息,默认的对象是主题对象。用户可以在搜索过程中查看历史搜索记录。

(2)小报:即刻小报,每日一报。总结昨天发生的重要新闻,通过用重大事件作为小报的头条实现新闻的聚合。在这个页面上,消息是主要推送的内容,因此消息显示在比主题更高的级别。在"消息盒子"页面上,为了便于用户快速确定消息属于哪个主题,主题显示在比消息内容更高的级别。

(3)新鲜推荐:推荐当前热门话题。显示新创建的主题,并将其标记为"新主题";它也可以是一个由重要新闻激活的旧主题,进而引导尚未关注的用户进行关注。

（4）猜你喜欢：猜用户喜欢的 3 个主题，在发现页面的顶部并列显示。用户可以点击"换一换"显示其他 3 个主题。

（5）分类查找：当有一定数量的主题时，就会有如何在众多的主题中快速找到某一主题或某一类型的主题的需求。以一种与专题产生呼应的方式对用户主题进行分类是个好主意。主题分类也可以基于协同过滤算法向用户推荐相关主题。

（6）排行榜：排行榜将热门主题排序展示，基于 7 天、30 天、90 天的热门主题排序。为了引导用户关注更多主题，可以利用人们"凑热闹"的心理，营造"大家好才是真的好"的感觉。

（7）专题精选：与分类查找功能类似，二次归类相同特质/类型的主题，这样使得精选结果更具针对性和灵活性。

（8）编辑精选：以 PGC 的推荐方式将主编精选的主题展示出来，每次展示 4 个，呈现形式与其他主题没有区别。

（9）发现更多：主题以瀑布流的形式呈现出来，目前应该可以拉取所有主题。

2）"消息"页面

"消息列表"和"最近热门"是"消息"页面的主要内容。其中，"最近热门"引导用户查看热门消息，间接推荐相应的主题，在主要页面中，向用户推荐的消息内容采用瀑布流推送形式。在这个页面上，用户可以看到标记为喜欢的人数和评论的条数，并对消息执行"评论""标记喜欢""打开原链接"和"分享"的操作。

3）"我的"页面

"我的"页面包括个人主页、关注的主题、动态通知、小秘书、实验室等功能。

（1）个人主页：即刻在探索用户与用户之间的联系，个人主页可以增强用户的自然属性，包括页面背景和基本信息（头像、昵称、签名等）两部分。页面也可以查看和管理关注的主题、关注的人、关注我的人。

（2）动态通知：查看关注的人的动态和我的动态。目前的动态只包括评论，分享、喜欢等栏目不包含在动态中。

（3）关注的主题：可以选择按照关注时间和更新时间排序，设置主题的推送通知、取消关注等操作。

（4）小秘书：用户输入编号或关键字，推荐一些受欢迎的相关内容。

（5）实验室：即刻的黑科技，需要验证码才能体验。

即刻的主要用户使用流程如图 3-7 所示。用户首次打开 App 进入，老用户可以直接登录，新用户需进行注册，选择自己感兴趣的社区后成为正式用户。登录后主要有 3 个功能板块，分别是发动态、查看动态、查看兴趣圈子。用户可以在"发动态"界面发布自己的新动态，在"查看动态"页查看已关注的"即友"的动态，也可以在"查看兴趣圈子"中查看兴趣圈子所有用户的动态。

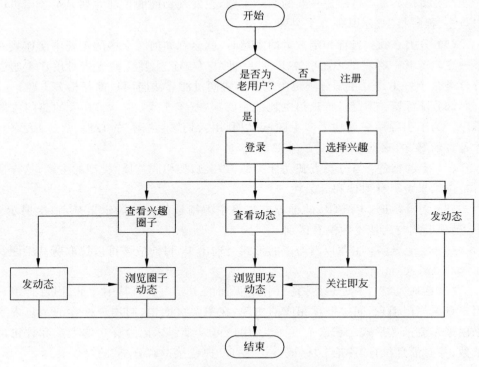

图 3-7 "即刻"的主要用户使用流程

2. 产品特点

即刻通过对内容进行有效的筛选,进一步提高内容符合用户需求的准确定位,满足用户日益增长的个性化资讯服务需求,从而有效地降低用户获得价值信息的成本。即刻筛选信息的方式可以总结为:首先将信息分成细微有趣、需要持续跟踪的主题,然后再捕捉与主题密切相关的信息,对抓取到的信息进行筛选后收集到同一主题下,比如主题可以是"曼联赢球提醒""豆瓣评分 9.0 以上的新电影""明星更新微博提醒"。产品依靠多样化的维度划分,将原来需求分散且难以分类的内容进行有效梳理。即刻的内容是以"点"的形式呈现,每个点下都有一系列的故事流,内容的细粒度更贴合用户关注的内容。对用户关注的内容进行筛选和整合,大大降低了无关信息的影响,这样就有效地降低了用户发现信息、跟踪信息的成本。

此外,即刻创建提醒的功能可以允许用户根据自己的需要定制主题和订阅消息。这种 UGC(User Generated Content,用户生成内容)和定制功能大大丰富了网站主题的数量。同时,增加了 App 玩法,满足用户更加个性化的需求,极大地提升了用户的积极性和参与度,做到沉淀部分用户,保持用户活跃度的效果。

3.3.3 盈利模式

互联网产品的主要变现模式有广告、电商、抽佣以及增值服务。即刻依靠其较大的用户基数和信息流平台的属性,其主要的盈利模式为广告投放和增值服务。

(1) 广告投放,主要在信息流中插入广告,结合线下活动宣传或与网络节目合作。

(2) 增值服务,通过即刻官网的小游戏,开放增值服务充值入口进行盈利。

未来即刻搭建的兴趣圈子形成规模后,它将为做广告客户提供极具效率的精准营销。

3.3.4 市场分析

通过 SWOT 模型对产品做如下分析。

1. 产品优势(Strengths)

(1) 主题由用户自行创建,平台负责维护。现如今用户所关心的信息是多样化和个性化的,官方不可能知晓每个用户关注的信息,如果采用官方创建主题用户进行关注的方式,要让用户获取真正关注的信息是十分困难的。此外,为了能更好地解决用户有想关心的信息却没有主题可关注的问题,平台实行编辑器开放的方式,让用户创建自己关心的主题。同时,即刻对用户所创建的主题进行维护,这样才能让用户真正选择到他们所关心的,而不是平台认为他们关心的,从而使推送更加精准。

(2) 消息精准推送。即刻的另一大优势是消息的精准推送,推送用户真正关心的,而不是用户可能关心的消息,而今日头条是通过算法计算出用户可能关心的内容进行推荐,两者是不一样的。不能说哪一种方式更好,但是即刻的精准推送的方式,确实使得用户在众多的信息中更容易获得所需求的信息,这让即刻在同类产品中脱颖而出。

(3) 采用主题梳理的方式整合信息。主题梳理的方式在零散信息的收集上效果显著,产品从各处搜索主题信息汇聚到专门建立的主题栏目中,这种方式在发微博这类信息上优势不太明显,但是在一些没有固定渠道发布的信息上是有效的。例如,张小龙在分享产品时,即刻创建"张小龙谈产品"的主题。关注该主题之后,一旦他进行新的分享,用户就会在短时间内收到最新消息。这就允许信息以更细粒度的方式分布,而不需要用户从一堆无用的消息中筛选才能找到他们关心或感兴趣的信息。

2. 产品劣势(Weaknesses)

(1) 关注的主题缺乏管理,推送的排序方式单一。用户关注主题后选择是否推送是即刻对于主题消息的主要推送机制,在这种机制下,一旦开启推送,在用户的关注时间线上,主题发布消息会按照时间的先后顺序出现。但是除了时间先后顺序之外,主题发布消息之间没有其他优先级管理方式,仅以时间为优先级的管理方式在用户没有关注过多主题的时候还可以受用,但当用户所关注的主题不断变多后,如果没有其他的优先级消息推送方式,用户特别关注的主题消息就会被排后,从而使用户不能在第一时间查看到最关注的内容。此外,主题也需要管理,例如对于一些时效性强的主题,在主题过时的时候,可以给用户一定的提醒,并在相关消息停止更新后关闭。

(2)以兴趣为标准划分的主题内容单一,并且重复。推荐页面的信息大多是用户关注的话题和热门内容的重复。想象一下,用户在浏览自己关注的新闻后,想看看是否还有其他感兴趣的推荐,但却发现大部分的新闻都是自己在关注或热点中看到的信息,必然会使用户失去阅读的兴趣。

3. 产品机遇(Opportunities)

新闻类 App 的覆盖率不断上升,用户在新闻类 App 停留的时间仅次于游戏产品,这为新闻类 App 带来较大的变现空间。

4. 产品威胁(Threats)

即刻的行业威胁主要来自同质化的竞争。市场上有不少社区类产品如知乎、微博、豆瓣、小红书等。这些产品大多基于特定的主题进行建设和运营,知乎是高知人群聚集地,微博是娱乐圈风向标,豆瓣是文艺青年聚集地,小红书是年轻人的生活平台,都拥有相当数量的用户。

3.3.5 发展前景

基于当前的发展现状对产品给出以下几点发展建议:

(1)需要不断积累用户数量,实现服务范围从小众到大众的突破。

(2)需要进一步降低新用户的使用门槛。普通用户首次使用即刻需要主动从广泛的主题中进行选择,因此需要进行更细致的引导,确保用户能快速找到自己感兴趣的内容。

(3)丰富推送内容,提高产品互动性。产品最理想状态是:用户可以自行创建主题,平台做到消息自动抓取,同时对已有主题和消息再补充,丰富内容的层次。此外还可以引导用户进行评论,使相关资讯展示更加全面立体,并且提高和用户的互动。

(4)扩展使用场景和功能,充分利用全面详细的用户数据,挖掘用户日常生活习惯,从用户的重要信息获取渠道变成用户生活中的管家。

3.4 "微信"案例分析[①]

本节从背景介绍、产品与服务、盈利模式、市场分析以及发展前景 5 个方面对"微信"进行案例分析。

3.4.1 背景介绍

"微信"(标识见图 3-8)是一款即时通信类应用,用户通过智能终端可以在平台上享受实时通信服务。用户可以跨终端操作系统,只要消耗一定的网络流量,就可以在平台上发送和接收文字、语音、图片、视频等信息,同时还可以使用基于流媒体技术的摇一摇、朋友圈、微信公众号等功能模块。

图 3-8 "微信"标识

到 2016 年第二季度,微信已经覆盖中国 94% 以上的智能手机,每月活跃用户达到 8.06 亿,用户覆盖 200 多个国家。此外,各品牌的微信公众账号总数已经超过 800 万个,移动应用对接数量超过 85000 个,广告收入增至 36.79 亿人民币,微信支付用户则达到了 4 亿左右。拥有如此庞大的用户群体,微信可以做的事情有很多,从 O2O(Online to Offline,线上面向线下)、电商、游戏乃至生活需要涉及的各个领域,微信号已经成为我们在移动互联网时代的一个重要 ID(Identity Document,身份证明),而微信的公众号平台是满足我们生活的直接通道。

微信形成的行业背景可以梳理为以下两点:

(1) 传统的移动通信费用高昂。

(2) 智能手机市场占有率不断增加,几乎人手一部,并且 4G 手机市场也在不断增长,5G 手机市场已经开始推广。

3.4.2 产品与服务

1. 产品介绍

微信是一款移动聊天软件,可以通过网络发送文本、语音、图片和视频等内容,

---

① 本案例由陈杨杰、吴语茜、刘天成(来自福州大学 2015 级软件工程专业)提供。

此外还支持多人组群聊天的功能。微信依赖于移动互联网,支持主要的智能手机平台,集成多种传播方式,具有低费用和节省流量的特点,一经推出就很快成为互联网社交平台的龙头产品。

腾讯拥有一个完整的微信开发团队进行微信业务的自主开发,对于开发者而言,有腾讯智能通信产品 QQ 业务作为借鉴,微信团队自然比其他第三方开发公司更有经验并且能够更好地完成产品开发。这与运营商推出的同质业务不同,例如中国移动的飞信业务。飞信也是一款及时通信软件,是移动为了应对互联网 OTT(Over The Top,互联网公司越过运营商)业务而推出的产品,由第三方公司(神州泰岳公司)独家开发负责。第三方公司开发的产品往往会受到自身缺乏竞争意识的开发者影响。

从产品定位方面出发,微信是一款移动即时通信应用,微信的功能都是围绕这一定位进行设计的,包括最基础的两大功能:短消息和语音短信。这两大功能都是为了满足用户基本的通信需求,特别是语音短信的服务,简洁方便,使得用户沟通没有阻碍,并且在异地用户进行沟通的情境下,所需要的成本比长途电话远远低得多。

"微信"结构框架如图 3-9 所示。

下面介绍微信的一些常用功能及使用方法。

(1)聊天功能:支持用户发送文字、语音短信、图片、视频,是一种即时交流软件;支持多人组群聊天,同时推出了以图片为载体的表情包沟通方式。

(2)实时对讲功能:在语音聊天室中用户可以和一群人进行语音对讲。与群发语言不同,在聊天室里发出的消息是实时的并且不会有任何记录,此外,该功能在手机息屏状态下也可以进行实时聊天。

(3)添加好友功能:微信具有多种添加好友的方式,最基础的方式是用户可以通过单击添加朋友按钮,输入微信号进行搜索进行好友添加;此外还有通过搜索手机号码添加好友、查看 QQ 好友添加好友、查看接收到的分享微信号添加好友、二维码添加好友;并且还有随机匹配的方式,通过摇一摇或者漂流瓶进行好友搜索和添加。

(4)小程序功能:无须下载,极其方便,可以提供接近原生态 App 的体验。小程序开放"长按识别二维码进入小程序"的能力。

(5)朋友圈功能:在朋友圈内,用户可以通过文字和图片发表实时动态,可以选择性让好友观看,同时可以通过将其他软件的文章或者音视频转发到朋友圈进行分享;用户还可以对好友的朋友圈动态进行点赞和评论,区别于 QQ 的是,用户只能看到同为好友的评论和点赞。

(6)资金往来功能:用户可以通过手机进行收付款,支付常用到的是扫描商家

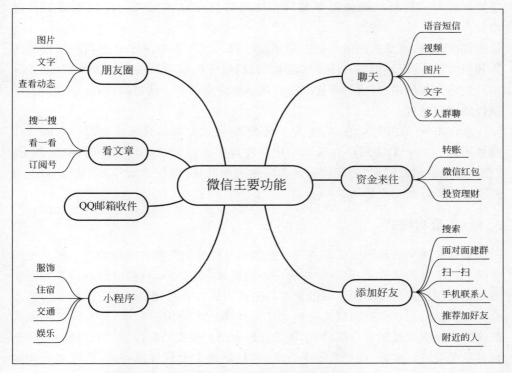

图 3-9 "微信"结构框架

二维码的功能。微信支付以绑定银行卡为基础,可以为用户提供高效便捷、安全可靠的支付服务。

（7）微信公众号平台：个人和企业都可以在微信上注册公众号,以更加便捷的方式分享主要以文章为载体的资讯,以开放的空间可以让更多人看到,而不需要添加好友,实现了特定群体的全方位沟通。

（8）"附近的人"功能：用户可以通过此功能接触到同在一定地理区域内的用户,满足了与陌生人沟通扩展社交圈的用户需求,提供了友好的交友平台,进一步增强了用户黏性。

2. 产品特点

短时间内积累海量用户的营销模式是微信的一大特点。

首先,大量微信用户来自腾讯原有 QQ 用户。当 QQ 用户离线时,他们可以通过微信与他们的 QQ 朋友发送和接收消息,很多用户就是基于这个功能开始使用微信的。众所周知,QQ 一直是中国流行的即时通信软件。由于微信是 QQ 的补充产品,大多数用户同时使用 QQ 和微信,然而现在随着用户年龄的增长,用户也渐渐朝着微信转移。两种服务的结合使得微信用户数量在产品初期能够快速增长。

其次,微信与手机通讯录用户联系在一起。因为手机通讯录是相对较近的熟人和朋友,虽然开始很多人还不知道微信,但由于微信用户的自传播效应,这些人也开始成为微信用户,这种牵连式的自传播效应在用户中快速形成,进一步扩大了微信的用户数量。

总地来说,这种"熟人—陌生人—圈子"的模式是微信快速扩大用户量的成功营销模式。基于 QQ 用户和通讯录用户使得熟人、朋友可以快速进入微信圈子,"摇一摇"和"附近的人"功能加强了与陌生人的联系,微信公众号进一步聚集了有共同兴趣爱好的用户群体。

3.4.3 盈利模式

微信在两年内积累 3 亿用户的主要原因与产品免费模式密切相关。用户使用微信进行实时沟通交流,只需要花费一定的流量费用(对运营商进行的付费),而在平台上使用服务是免费的。腾讯董事长兼首席执行官马化腾表示:微信对用户不会收费。微信用户免费的模式可以为产品带来庞大的用户积累,为后续进一步实现流量变现奠定基础。目前,微信还处在扩大用户规模的阶段,对用户和公众号平台都是免费的。此外,在公众号平台上,微信积累了大量目标用户,已经成为许多电商企业的营销阵地。随着用户数的不断增长,相信后续的公众号平台必然会成为微信的一大盈利点。

经过调研,我们发现微信的盈利来源有许多,可以梳理为以下几点:

(1) 品牌广告收入。微信依靠较多的用户量带来较多的点击率,可以吸引品牌广告的投放。此外商家还可以直接在微信公众号上发布文章,或者以不那么明显的软文来宣传商家的产品或者活动,一般针对 1 万粉丝的一条广告费用达到 200~500 元,根据每个账户的质量的不同来定价。

(2) 第三方服务收入。和其他网站进行收入分成。微信可以利用自身庞大的用户群,把大量的用户群转移到其他网站上,进而和其他网站达成第三方服务,比如滴滴、美团等企业都接入了微信第三方服务。

(3) 会员费。发展社群经济,类似"逻辑思维"普通会员 300 元,"鬼脚七"七星会员年费 12 万,还有招聘信息。社群经济可以说是大放光彩,那些稍微有点能力的人都组建了自己的社群,一年收费少则几百多则上万。这也是通过微信公众平台长期宣传自己得到的结果。

(4) 公众号收入。公众号推送内容是具有一定特定主题的,如果公众号长期积累了一定规模的粉丝,这类人群会有公众号所引导的共性需求,由此可以作为切入点发布相关商品的推送,凭借粉丝对公众号一定程度的信任,产品销售也将会取得较好的业绩。

3.4.4 市场分析

此外,通过 SWOT 模型对产品做如下分析。

1. 产品优势(Strengths)

1) 用户免费

用户免费是微信吸引客户的最大的特点。微信完全免费,使用任何功能微信都不会收取费用,在使用微信时产生的上网流量费是由网络运营商收取的,而且微信对讲不存在距离的限制,即使是在国外的好友,也可以一起使用微信对讲。

2) 功能持续创新

微信在发展过程中不断地进行功能拓展,包括平台化、社交多维化以及创新生活方式。其中,平台化体现在打通了与 QQ、微博、手机通讯录之间的联系;社交多维化体现在结合熟人和陌生人共存的交际圈;创新生活方式体现在推出微信钱包等生活服务,进一步开拓用户生活服务。

(1) 与 QQ 相关联

QQ 是腾讯在通信网络领域的龙头产品,用户范围覆盖各年龄段、各地域,拥有庞大的关系网络。微信基于这样的关系网络进行引流,同时还可以使用通讯录添加好友,免去了重新培养用户的成本,进而快速获得了大量用户。

(2) 与手机通讯录相关联

可以导入手机里的电话本,这一点使得用户黏性和商业价值高过 QQ。目前很多用户的手机通信软件都用微信取代了 QQ。

3) 强大的市场营销和产品推广工作

无论是腾讯内部的工作人员,还是外包服务的产品推广公司,对微信的市场推广工作都付出了艰辛的努力。从此前微信传播过程中的载体、内容、方式、创意等方面来看,腾讯公司在市场营销这一块的宣传推广,也直接促进了微信的成长速度。

2. 产品劣势(Weaknesses)

1) 创新性不强,难以独占同类型市场

和很多产品一样,微信既非腾讯的原创,也非首发。它们的学习榜样是加拿大的移动 IM(Instant Messaging,即时通信)服务提供商 Kik Interactive 公司。而在微信推出之前,国内已有多种同类产品问世。

2) 用户管理的缺陷

首先,版块搜索功能只能通过微信号进行搜索,不能通过"昵称"搜索,而微信号很长,不便记忆。其次,平台没有自动刷新功能,每次分类成员,都要点击一次,既烦琐又浪费时间。

3. 产品机遇(Opportunities)

1)智能手机的普及

微信的用户主要集中在安卓系统和苹果系统,都属于智能系统,而中国智能手机用户数将超过9.3亿,智能手机普及率超过35%,安卓手机和苹果手机加起来的用户接近4亿用户,而微信目前只有1亿用户,将来会有巨大的上升空间,市场前景广阔。

2)人群对手机客户端的偏爱

随着智能手机的不断普及,几乎人手一部智能手机,这样一来,移动端的市场渐渐被打开,甚至市场体量不可小觑。相比传统的PC(Personal Computer,个人电脑)端,移动端设备更加便捷,用户可以随时随地打开应用进行使用。微信的流量几乎都来源于移动端,这种切入方式为产品带来了不可估量的发展空间。

4. 产品威胁(Threats)

微信一经推行,发展迅速,其发展速度远远超过了创始团队的预期和外界的想象。凭借腾讯的大背景,微信用户数在推行后的短短一年内成倍暴增,数量甚至远超同类竞争者。然而,虽然微信的市场扩张速度迅猛,但仍然不能对现有的包括飞聊、翼聊等20多款竞争产品掉以轻心。这些竞争产品除了实时交流之外,也提供社交模式,意图进一步瓜分用户市场。

3.4.5 发展前景

微信在全球拥有亿级的用户规模,是中国互联网在全球范围内崛起的标杆。然而当前微信用户主要还是集中在国内,更高一个战略目标应该放在国际市场,做到中国互联网走向国际。为了达到这一目标,微信需要在巩固当前国内用户形势下,立足于国内市场,不断挖掘国外市场需求。此外,当前云计算等高新互联网技术不断兴起,需要把握好潮流趋势,突破国内市场,做到全球范围的共赢。

诚然,当前的微信坐拥上亿日活跃用户,是国内当之无愧的互联网龙头产品。以腾讯为依托,拥有竞争对手无法企及的行业资源,产品从多方面切入用户的需求,充分满足当前用户对于软件的需求范围。然而,互联网市场技术更新迭代迅速,即使作为社交巨头,微信也仍然不能坐以待毙,仍需要不断挖掘用户市场,否则会被对手抢占新兴市场而受到威胁。因此只有不断扩大用户服务范围,并且纵向做精、做细致,才能使产品走得越来越远。

3.5 "今日头条"案例分析[①]

本节从背景介绍、产品与服务、盈利模式、市场分析以及发展前景 5 个方面对"今日头条"进行案例分析。

3.5.1 背景介绍

"今日头条"(标识见图 3-10)是一款为用户提供新闻资讯的产品,通过机器学习算法,利用推荐系统和数据挖掘技术,可以精确地为用户推荐符合用户兴趣的新闻资讯。今日头条自 2012 年上线,截至 2016 年已有 4.8 亿的用户数和超过 4700 万的日活跃用户,成为第二大新闻资讯平台,紧排在腾讯之后。今日头条的口号是"信息创造价值"。

图 3-10 "今日头条"标识

今日头条产品的产生背景如下:

(1) 随着移动终端技术不断进步,移动端成为用户最大上网终端。从 2010 年开始,使用移动端上网的中国网民爆发式增长,越来越多的人使用手机上网。移动端逐渐成为中国网民上网的第一大终端。

(2) 阅读新闻资讯是手机网民的主要需求。除了日常的即时通信和搜索功能,人们平时使用手机花的最多时间是在新闻上。阅读新闻资讯是手机网民的主要需求。

(3) 互联网用户行为变化。从主动发掘信息转变到被动接受信息,即从人找信息转变为信息找人。在这个信息爆炸的移动互联网时代,线上信息爆炸式增长,导致严重的互联网信息过剩。许多信息对用户来说是无用、重复的,导致用户选择困难,逐渐失去耐心。

(4) 创始人的创业想法。今日头条创始人张一鸣表示,当前是一个信息爆炸的时代,大量繁杂的新闻资讯使用户无所适从,用户很难在海量的新闻资讯中找到自己所需要的内容。张一鸣认为"应该有一种更有效率的获得资讯的方式出现"。

---

① 本案例由张宏伟、林海毓、黄楚云(来自福州大学 2015 级软件工程专业)提供。

3.5.2　产品与服务

1. 产品介绍

今日头条作为一款新闻资讯类产品,可以为用户提供实时的资讯信息,让用户获得最新的社会资讯或者行业信息。产品利用个性化推荐引擎和数据挖掘技术,可以发现用户所感兴趣的资讯,为用户准确推送。推荐的内容除了新闻类资讯,还包括游戏、音乐、视频等信息。产品强大的推荐系统可以帮助用户在海量的资讯中获得自己所感兴趣的内容,大大缩短了用户检索的时间,使用户使用得更加便捷高效。此外,相关资讯还可以以头条号的形式呈现在用户眼前,内容包括娱乐或者社交等多个方面,可以满足用户休闲娱乐的需要。

"今日头条"结构框架如图 3-11 所示。主要功能如下:

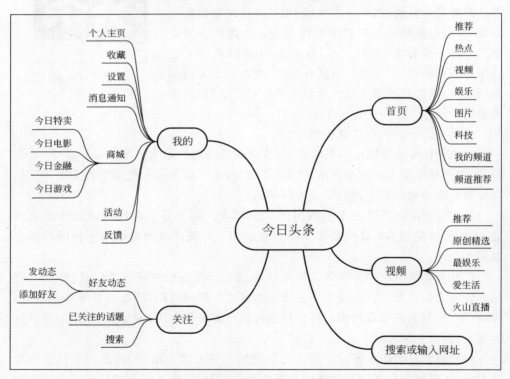

图 3-11　"今日头条"结构框架

（1）搜索功能:搜索是新闻类 App 用户的一个基本且高频的需求。此外,在搜索栏提供热搜新闻,便于用户阅读,同时也提高了用户点击率。

（2）内容分发功能:用户使用今日头条的内容分发功能时,最大的需求是用碎片化时间找到自己感兴趣的新闻。"碎片化时间"要求 App 能提供精准并且全面的内容让用户阅读,"感兴趣的新闻"则要求 App 提供恰当的分类以满足不同场景下的用户需求。而其中的隐藏需求能够推荐给用户相似或更感兴趣的信息流,因为用户看的新闻往往不止一篇。

（3）评论功能:用户在阅读新闻时主要看新闻主题是否让自己感兴趣,新闻内容是否有价值,新闻评论是否有共鸣。用户在看完后若能写评论,也能让创作者产生满足感,强化关系链。今日头条同时满足以上看和写的场景,在阅读功能上形成闭环。

（4）频道推荐:根据用户兴趣进行个性化推荐,不同的人或同一个人在不同时间,获得的信息都是不同的。

（5）专业频道:精准推送专业内容,近 50 个频道任由用户选择。

（6）头条号:头条号是一个专业的信息发布平台,可以由国家机构、主流媒体、公司企业或者自媒体进行创作,帮助创作者创作的内容在互联网上有更广的受众阅读,获得更多的关注,让创作者的声音可以有更广泛的传播。

（7）头条寻人:通过平台巨大的用户群体,运用精准的弹窗推送技术,为失散家属推送走失人员信息;以地理区域为推送维度,帮助家属寻找走失的家人,帮助被救助机构救助的走失人员寻找家属。

（8）精准辟谣:平台通过用户反馈和人工鉴别的方式,利用机器学习技术对资讯内容进行精准识别。当一篇资讯下的评论中出现大量"假新闻"等相似的关键词或者有大量用户举报,平台就会利用机器学习算法将疑似虚假内容推荐给审核团队,进行进一步的人工审核,一旦确认是虚假信息,平台会删除虚假信息的推送并对信息发布者进行惩罚。此外,平台还可以通过信息的阅读记录,及时告知已经浏览过虚假信息的用户,对他们进行辟谣,进一步避免谣言的二次传播。

此外,产品还有很多其他的特色功能,包括自媒体创作、西瓜视频、热点新闻标注、当地新闻、话题、个人列表系列功能(如好友动态、我要爆料)等。

2. 产品特点

今日头条作为一个个性化资讯推荐软件,强大的算法和推荐系统在很大程度上满足了用户的内容需求,时常让用户欲罢不能。产品拥有强大的个性化推荐系统和数据挖掘能力,可以根据用户的使用记录进行精准的内容推送,满足了用户的阅读需求,使用户更加高效便捷地从海量的新闻资讯中获得自己所感兴趣的内容。算法可以根据每个用户的兴趣爱好和行为、用户的个人信息(包括年龄、职业)等多个角度进行分析,5 秒即可计算出用户的个人兴趣,10 秒就可以更新用户使用模型,真正做到推送用户所关心的内容。此外,资讯内容范围非常广,除了新闻内容,还包括游戏、音视频、天文地理等内容,从不同角度对用户所感兴趣的内容进行全方位的推荐。

此外,今日头条还有庞大的内容创作者群体。最初的今日头条,产品定位在新闻内容上,所推送的新闻资讯并不是原创内容,而是通过爬虫技术从第三方媒体平台爬取的,相当于只是其他平台新闻的搬运工。虽然这样可以获得海量的新闻资讯,但是非原创内容的分享和使用总是容易涉及版权的问题,常常容易陷入版权纠纷。针对这一问题,今日头条采用让大量政府机构、公司企业、主流媒体和自媒体在这里发布原创内容的方式,一方面保证了平台内容的丰富性,另一方面也解决了信息版权的问题。而对于头条号的创作者来说,他们的创作内容依托于平台巨大的流量,可以被更广泛的人群接收到,从而获得更多的关注。

3.5.3　盈利模式

今日头条的盈利模式有以下几种:

(1)广告投放。目前,广告收入是今日头条的主要盈利模式。今日头条的广告业务可以分为开屏广告、信息流大图模式、信息流小图模式、图或文字链接。今日头条通过搭建广告平台,向做广告客户或广告代理商租售广告位以收取一定费用,其模式包括首页广告画面、新闻头图、文字链接、活动版块等。另外,今日头条也会植入商品信息的软性广告获取盈利。

(2)电子商务。今日头条在产品内创建商城,也为多个城市设立了本地频道,同步提供美食、旅游、促销等信息,用户可直接在 App 上完成查询、预订及购买行为。根据交易量及交易金额由商家向平台支付一定的费用。

(3)媒体合作。为电视节目提供数据内容,如《东方大头条》《花儿与少年》《中国好声音》等。

(4)收费订阅。收费订阅分为两类,即付费下载和平台应用利润分成。

(5)游戏和其他增值服务。除提供资讯外,今日头条还注重挖掘用户需求,提供表情下载、股票、保险、手机充值等增值服务,同时开辟游戏频道,进一步强化用户黏性及活跃度,打通商业变现通道。

3.5.4　市场分析

接下来通过 SWOT 模型对产品做如下分析。

1. 产品优势(Strengths)

(1)在互联网思维方面:产品本着用户至上的原则,为用户提供个性化阅读。

(2)在技术创新方面:产品发挥数据挖掘、推荐引擎、智能算法优势,能为用户精准推送感兴趣的内容。

2．产品劣势（Weaknesses）

（1）内容日渐单一化。个性化推荐系统的强大体现在两方面：一方面可以精准为用户提供感兴趣的内容；另一方面，长期只为用户推送用户所关心的内容，这在一定程度上限制了用户的阅读边界，过分的个性化推荐使用户局限在固有的资讯范围内。

（2）对第三方的依赖。对于新手用户，今日头条依赖第三方登录获取一些关键数据，形成用户行为爱好的推荐，但如果第三方一旦禁止获取数据，那么对于新手用户的行为数据今日头条就需要更长时间的学习，才能精确推荐，因此潜藏着流失用户的危机。

（3）广告版面过大，存在虚假广告，广告越来越多等情况在一定程度上影响了用户体验。

（4）对平台上的内容创业者监管力度不足，主要表现为：内容抄袭，标题夸张，评论质量难以控制，缺乏原创优质内容。

3．产品机遇（Opportunities）

（1）作为较早的个性化资讯产品，今日头条积累了大量的用户数据。

（2）用户时间趋于碎片化，个性化资讯市场庞大。

（3）自媒体创业成为互联网时代的趋势，头条号能够让自媒体创业者的内容精准地向用户推荐，减少了创业者寻找用户的成本，对自媒体人有强大的吸引力。

4．产品威胁（Threats）

（1）BAT 公司（中国互联网公司三巨头，分别为百度、阿里巴巴、腾讯）与传统门户网站公司介入资讯市场，个性化资讯市场正面临着激烈的市场竞争。

（2）通过爬虫获取媒体网站的内容存在侵犯版权的风险，受到外界的质疑。

3.5.5　发展前景

今日头条现在发展趋势迅猛，然而也存在一些问题。存在内容质量问题的主要原因是：用户不能在短时间内获得有价值的信息。平台基于用户的使用数据分析可以推荐用户可能感兴趣的内容，但是往往在使用过程中，用户点开推荐内容会发现文不对题，经常受到一些广告或者标题夸张资讯，这大大影响了用户的使用体验。本来用户是想利用碎片化的时间获得一些有意义的新闻资讯，但是由于内容质量的问题，用户不仅节省不了时间，反而浪费了过多时间。对于这一问题，平台可以基于原来的个性化推荐系统，进一步对内容进行把关，整合优秀的内容，考虑使用智能技术结合一定的人工处理，为用户提供优质资讯内容，从而满足用户利用碎片化时间获得有意义的信息的需求。

此外,产品还需要探索更多的盈利模式。目前,今日头条最主要的盈利模式还是广告,而许多用户也反馈广告太多已经影响到用户的使用体验,平台想盈利无可厚非,但探索更多的盈利模式是一种更好的选择。对于新闻类 App 可行的一种盈利模式是推行内容订阅模式,用户需要对所订阅的新闻资讯进行付费。其实,我国消费者在互联网中付费购买内容的观念已经日趋成熟,但毋庸置疑的是,这种模式的实现必须依托优质且具有稀缺性的内容来实现。

3.6 "虎扑"案例分析[①]

本节从背景介绍、产品与服务、盈利模式、市场分析以及发展前景 5 方面对"虎扑"进行案例分析。

3.6.1 背景介绍

"虎扑"(标识见图 3-12)是一个文化社区网站,定位集中在体育赛事和日常生活。赛事包括篮球、足球、电竞、排球等各大赛事,此外还有以步行街为代表的专业论坛。虎扑共有两大模块,分别为网页端的虎扑体育网以及移动端的虎扑 App。虎扑体育网是国内最大的互联网体育平台,而虎扑 App 是一个社区型应用,内容覆盖 5 大板块和 300 多个话题区,包含篮球、足球、电竞、影视和步行街 5 大内容。虎扑从最早的篮球社区论坛向门户网站进行转型,进

图 3-12 "虎扑"标识

一步成立虎扑识货购物平台,推出路人王系列赛事,到如今已经成为体育圈颇有名气的 IP(Intellectual Property,知识产权)。虎扑在 10 多年的发展后,成为国内体育文化产业领先的独角兽企业,进一步用技术推动自有赛事、投资、电商、媒体 4 大业务板块。

下面将从政策、经济、社会、技术 4 个方面介绍产品背景:

(1) 政策环境。在 2014 年发布的《关于加快发展体育产业促进体育消费的若干意见》中提出:未来体育产业将引入市场化手段,不断扩大体育产业市场规模。

(2) 经济环境。据国家统计局 2014 年发布的数据显示,全年国内生产总值

---

① 本案例由刘玮昕、池李杰、黄思婷、叶超烜、柯毅锦(来自福州大学 2015 级与 2016 级软件工程专业)提供。

中,娱乐教育文化用品及服务消费上涨了 1.4%。

（3）社会环境。篮球源于美国,经过百年的不断发展,现在国内已经形成了巨大的群众市场。而随着篮球赛事,如 NBA 和 CBA 的不断推进,我国庞大的篮球群众基础转化为篮球文化市场,对推动篮球文化产业有重大意义。

（4）技术环境。相比传统的网络端和电视端收看体育赛事,随着移动技术的不断发展以及视频直播技术的不断普及,观众可以更加便捷地收看体育赛事,这使得网络媒体在体育直播市场中所占的比重不断提高。此外,视频高清技术不断进步,观众也可以身临其境地收看赛事,提高了观众的体验好感。

3.6.2 产品与服务

1. 产品介绍

虎扑最开始作为一个垂直的篮球网站,其口号是"虎扑,可能是最好的篮球网站",之后收购了狗孩足球,往综合体育网站的方向发展,口号也改成"虎扑,你的体育全世界"。后续推出了识货版块——一个推介体育装备的购物版块。之后推出的虎扑体育 App,把网站的内容从 PC 端转移到移动终端。

虎扑的用户群体有明显的特征,即有着共同体育爱好者组成的社区,在这个社区不仅可以聊体育,也可以聊热点话题、聊生活等。他们大多经济条件还可以,生活在一二线城市,他们的情感比较丰富,爱好比较类似,并且有一定的购买力,喜欢球鞋、数码电子等商品。无可否认,虎扑用户群是非常有凝聚力的。

"虎扑"结构框架如图 3-13 所示。

下面介绍虎扑的主要功能及特点。

（1）首页。一款 App,首先映入眼帘的是它的首页。虎扑 App 首页属于内容分发,将新闻、论坛的热帖集中显示。在首页能获得最新的体育新闻、互联网大事与论坛的活动等。

（2）比赛。用户点开其中的赛事可以发现丰富的比赛,涉及篮球、足球、电竞等各种运动联赛。以 NBA 版块为例,拥有查询赛程、详细的比赛数据等功能。

（3）论坛。以比赛功能为基础,吸引大量体育联赛爱好者之后,虎扑通过首页功能将流量引入论坛,目的是将这些用户转化为常驻用户。论坛作为虎扑的最核心功能,通过优质的内容与流量体验,获得非常多的忠实用户。这些用户一方面提供优质内容吸引新的用户加入,另一方面又为虎扑识货引入了流量。虎扑论坛分为 NBA 论坛、CBA 论坛、游戏电竞、国际足球论坛、国足论坛、步行街、运动和装备等板块,可以粗略分为以运动、生活、装备为主的 3 大板块,基本上能满足用户日常娱乐信息获取需要。其中,NBA 板块有两个主要的分块,即湿乎乎的话题、篮球场。

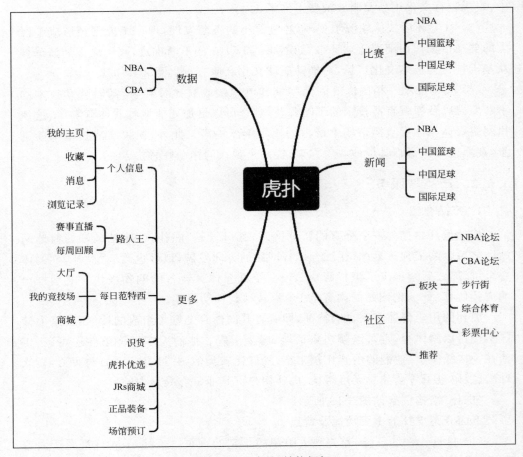

图 3-13 "虎扑"结构框架

① 湿乎乎的话题板块主要有 3 个功能：聊天、新闻留言与篮球活动。聊天作为最基础的论坛功能也是留住用户的核心所在。通过首页推荐将用户引入论坛，用户发表话题评论球员、球队，提升娱乐性。

② 篮球场又是虎扑的另一大特色。虎扑经常邀请球星来论坛与网友互动，这大大提升了论坛的知名度。篮球场是高端 NBA 比赛、球员分析板块。能进入篮球场的帖子都是精选的篮球分析帖与翻译自国外篮球爱好者、专家的分析帖。

此外，还有属于各大球队的专属区域和线下路人王比赛分区。虎扑路人王是国内鼎鼎有名的篮球赛事。路人王是虎扑构建的一个线下大众篮球 1V1 比赛，是虎扑从线上转入线下的一个开端。路人王目前已经进入成熟阶段，几乎每周都在全国各地拥有多场比赛，参赛名额每次都是供不应求，并且已经获得如阿迪达斯、安踏等多个赞助商的赞助。对于篮球实力不足以参赛的线上用户，路人王提供了比赛观赏与篮球教学的服务。除了草根球员,路人王时不时邀请大牌球星参与,提升观赏性。路人王作为虎扑线下较为成功的比赛赛事,为虎扑扩大知名度做出了很大贡献,并提供了广告投放、赞助商赞助等盈利模式。

(4)步行街。步行街是虎扑论坛的另一大重要板块,实现将用户从讨论篮球转换为讨论生活,提升用户群体广泛性与流量稳定程度。如今,步行街板块的流量已经超过了 NBA 板块,成为虎扑最大的流量支持。步行街的讨论内容几乎涉及任何领域,时事新闻、情感生活、影视音乐、电子数码、文学历史、政治经济等步行街主干道是步行街流量的主要来源,帖子内容涉及生活的各个方方面面,也是当年典型的 BBS(Bulletin Board System,电子公告板)体现。同样,步行街也经常组织论坛活动,以提高论坛人气。

(5)运动装备区。运动装备区是虎扑用于交流球鞋球衣、新品、二手装备与鉴定装备的专区。2004 年,虎扑刚创立的时候,淘宝还不流行,网友们就通过论坛的方式联系交易装备。在交易的过程中,又衍生出鉴定板块,为了防止网友被奸商欺骗。2012 年,以装备区为基础,虎扑成立了虎扑识货。

(6)识货。虎扑根据论坛的引入流量还开设了电商平台——识货。识货提供正品、优质的商品推荐与鉴定服务。识货整合各大平台球鞋提供商,自己作为中间商提供 100%正品保证。正品是识货最大的保证。识货四重正品保证,即严审店铺、定期审查、专业鉴定、公开透明监督。极度严苛的审核之余,虎扑还提供球鞋鉴定服务,鉴定师均来自论坛装备区 10 年以上的专业球鞋爱好者与从业者,保证100%的正品率。识货拥有超全的货源,它是以篮球用户为号召力整合全网的球鞋平台,拥有超全的球鞋装备分类。

2. 产品特点

虎扑有以下特点:

(1)用户使用率高,用户对虎扑具有一定的依赖性。

(2)拥有完善的社区论坛体系,设计话题广泛、内容有趣,目标用户清晰,用户忠诚度高。

(3)涉及体育类别众多、业务分布广,且在篮球领域知名度高。

(4)商业化体系丰富,已获得多轮投资,资金充裕。

3.6.3 盈利模式

虎扑吸引部分潜在用户的方式是通过比赛和新闻的内容,并向论坛、线上识货电商平台、线下路人王比赛引流。拥有相同爱好的用户群体在这里聚集,结合产品精准的用户定位,社区中用户的互动性不断提高,用户们会在这里找到归属感,进一步扩大其影响力。据悉,超过 80%的用户注册时间超过 1 年,超过 40%的用户注册时间超过 3 年。

虎扑的盈利模式分为 3 部分,分别是论坛、识货等的广告收入(占比为 40%),识货收取的佣金(占比为 40%),赛事经营、体育推广等其他收入(占比为 20%)。其中,识货作为虎扑目前重要的盈利模式之一,成功实现了流量变现。识货商业模式是通过全网的商品供应商供货,形成整合流量、识货审核、鉴定保证,最后消费者低价购买的一条产业链。

3.6.4　市场分析

虎扑的市场竞争梳理为以下几点:

(1) 社区竞争:虎扑目前稳居篮球社区第一,综合流量也是体育社区第一。不过,在足球方面已经弱于懂球帝,但虎扑也是懂球帝的股东之一。

(2) 电商竞争:虽然虎扑在球鞋领域处于领跑者的地位,但大部分供货商依然使用的是淘宝平台,若淘宝也推出类似产品,会对虎扑识货业务造成很大冲击。

(3) 资源竞争:NBA 的网络转播权在腾讯体育手中,所以虎扑视频资源受限于腾讯体育。

(4) 潜在竞争:阿里体育于 2018 年 4 月宣布获得 12 亿元 A 轮融资。未来,互联网体育领域的市场竞争将越发激烈。

接下来,通过 SWOT 模型对产品做如下分析。

1. 产品优势(Strengths)

在同类软件中虎扑做到了信息完善、话题广泛、内容有趣,这使得虎扑拥有了一大批高忠诚度的用户,为其各类业务的发展提供了坚实的用户基础,也为其商业化变现提供了可靠的流量来源。

此外,虎扑口碑良好,优质的运营和高质量的 UGC 和 PGC 内容的输出,有自己的商业闭环。在比赛方面,虎扑具有新闻快、比赛全、数据全的优势;在论坛方面,具有高质量论坛文化、"依法"治论坛的优势;在识货平台方面,具有监管严、鉴定服务好、货源全、性价比高的优势。

2. 产品劣势(Weaknesses)

如何在 5G 时代弥补其无法进行赛事视频直播的业务缺陷成为虎扑体育业务发展所面临的最大问题。此外,如何发展优势明显的商业化方向提升商业化能力,如何改变外界对虎扑的刻板印象扩大目标用户群体,如何促进其弱势板块的发展等都是值得思考的问题,但有些问题确实很难给出可行有效的方案。目前,除了路人王的自有 IP,虎扑目前没有 NBA、CBA、足球赛事的版权,这块的商业变现能力很弱。再有,赛事直播形式单一,系统稳定性有待加强。

3. 产品机遇（Opportunities）

随着移动端的发展,移动端观赛、体育装备的需求也在增大。

4. 产品威胁（Threats）

产品威胁体现在与其他平台的竞争上,例如腾讯体育、直播吧等目前也都在打造自己的社区,尤其是腾讯体育手握赛事版权,用户数量急剧增长。

3.6.5 发展前景

近年来,越来越多的用户知道了虎扑网站,虎扑的影响力不断增大。在虎扑讨论的主题已经不止局限于篮球和体育,因为体育比赛总是有周期性的,而这里更多地成为人们生活娱乐的社区,虎扑的主题逐渐从体育性质转变成了娱乐性质。

针对虎扑的长期用户,平台需要进一步建设优质社区,对内容也需要进一步把关,从而增强社区内用户的互动程度,提高用户浏览体验。此外,还有一部分临时浏览网页的用户,平台就更应该提高内容的质量,完善社区内容分发渠道,提高用户体验,从而将其转化为长期用户。另外,平台还可以进一步为用户建立更加多元化的内容层次,鼓励用户创造更多的优质内容。

此外,互联网体育市场目前渐渐成形,越来越多的社交娱乐产品在市面上出现,同类产品之间互相竞争,都想争取到更多的用户群体,进一步占有用户的时间。所以,即使虎扑目前已经做到了行业领头的成绩,但依然不能对层出不穷的竞品松懈,还需要不断完善,形成自己的产品壁垒,坚持可持续发展的理念,围绕用户打造更多实用的功能和更加贴合用户的体育信息数据,不断开拓自身的发展道路。

3.7 "抖音"案例分析[①]

本节从背景介绍、产品与服务、盈利模式、市场分析以及发展前景 5 个方面对"抖音"进行案例分析。

3.7.1 背景介绍

"抖音"(标识见图 3-14)是一个让用户可以记录日常生活的短视频分享平台。用户可以在这里表达自我,在平台人工智能技术的辅助下,快速制作短视频,记录

---

① 本案例由陈通、苏智杰、郭亿鸿、张至锋、郑廷健(来自福州大学 2015 级与 2016 级软件工程专业)提供。

图 3-14 "抖音"标识

生活,同时也可以查阅感兴趣的短视频内容。

首先,我们将从政策、经济、社会、技术 4 个方面介绍产品产生的背景。

(1)政策环境。短视频行业内容主要是 UGC 模式,由用户生产,因此对内容的审核和监管需要严格规范。近两年,监管机制的逐步完善促进了该行业的良性发展。

(2)经济环境。经济环境主要指融资环境。短视频具有流量大、获客成本低、用户黏性好等特点,具有较高的投资回报率,受到资本的青睐。

(3)社会环境。短视频内容丰富,具有个性化和强互动的特点,符合当下消费者表达自我的社交需求。

(4)技术环境。随着移动端技术的普及,智能手机几乎是人手一部,用户可以随时随地通过移动设备轻松获得资讯,打破地理和时间上的局限。

3.7.2 产品与服务

1. 产品介绍

抖音是一款社交应用,用户可以在该平台上随时随地以短视频的形式记录和分享自己的生活片段,同时也可以查阅别人的分享,在这里拓展自己的交际圈,了解各种感兴趣的资讯。抖音的主要用户定位在年轻用户,旨在打造一个属于年轻人的音乐短视频社区。用户可以通过短视频方式拍摄生活片段,选择歌曲配乐,此外,还可以利用平台提供的各种特效剪辑功能进一步完善视频内容,让视频更加富有创造性,形成用户自己的作品,这区别于小咖秀这样对口型短视频的同类产品。

年轻用户在抖音上发布的作品配乐一般以电音、舞曲为主,视频分为两派:舞蹈派和创意派,都很有节奏感。此外,还有一些喜欢抒情音乐的用户,发布一些个人感想或动态。总的来说,抖音的男女用户分布平均,能看出抖音的内容是男女都喜欢的,比较均衡。由于是城市用户居多,用户教育程度也相对较高。

"抖音"结构框架如图 3-15 所示。

下面介绍抖音的主要功能及使用方法。

1)点赞

用户在浏览每一个视频时,右边的互动区域中都会有点赞互动功能,用户可以对喜欢的视频进行点赞,并且可以多次点赞。

2)关注

用户若喜欢这个视频的作者,有强烈的意愿想以后继续看到该作者的内容,可以直接在右侧作者头像处点击"＋"按钮,实现关注。用户若想进一步了解该作者,可点击头像进入该用户主页,查看他的其余视频、售卖的商品等信息。

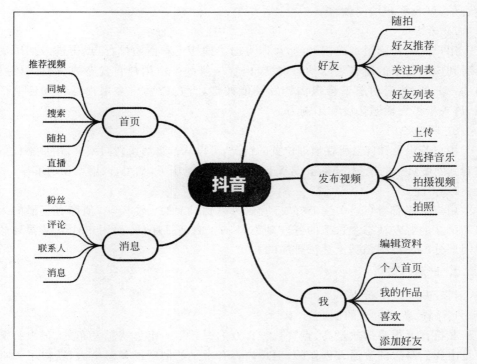

图 3-15 "抖音"结构框架

3）评论

用户在观看短视频产生共鸣后有表达欲望，可以在评论区进行评论。同时，可以看到其他用户的评论，一方面可以促进对视频内容的理解，另一方面也可以找到观念相同的评论进行进一步沟通交流。此外，评论的显示依据是通过其他用户点赞数进行排序，用户打开评论区可以首先看到高赞评论，也可以给喜欢的评论进行点赞。

4）推荐

用户打开抖音 App，首先进入的是视频首页，将视频铺满整个页面，给用户身临其境的感觉；采用上下滑动的方式切换视频，在 4G 网络条件下，恰好能满足用户快速切换后依然能以极低的时延观看视频的快感。

5）转发

用户在观看完视频之后，若想分享出去，可以点击转发中的分享渠道：站内好友、朋友圈等。

6）音乐入口

用户若对此视频的音乐非常感兴趣，也可点击右侧的音乐入口，进入音乐页。用户进来后可以知道这首歌是谁创作的，都有哪些视频用了这首歌。倘若很喜欢此音乐,可收藏和拍同款。

7）热搜页

用户想要看到最近热门话题,可以点击热搜榜查看话题排行,点击进入话题后会看到该话题下的所有热门动态,视频内容一般都是由用户自发布或者自媒体发布的。此外,热门动态下会提供转发功能按键,旨在鼓励更多用户参与和传播话题,进一步扩大话题热度和影响力。

8）同城热门

用户若想看看自己所在地理位置的情况,可以从首页切换到同城页,用户不仅可以看到同城页中的视频,还能享受基于此位置的场景服务,如美食、景点和玩乐等。

9）关注页

用户若想看看自己关注的好友动态,可以到抖音的关注模块,顶部有直播的入口和最新的好友动态。这里的好友动态是基于时间排序的,而用户往下翻看到的中间部分的动态则是基于算法排序的。

2. 产品特点

抖音具有以下特点:

1）释放普通民众的创造力

在抖音上很多播放量高、点赞数破百万的视频不一定是明星发布的,很大一部分是由我们身边的普通人创作的,但是内容有十足的创意或者感染力,获得了大批网友的认可。此外,视频还有自模仿的效应,当一个爆红视频流传开后,会有很多网友纷纷效仿,这进一步提高了视频的影响范围,同时也为平台不断创造流量。

2）让内容创作更加简单

抖音平台为用户短视频的创作提供了一系列的特色功能,包括大量的可使用配乐(配乐一般由用户自己创作,这在一定程度上避免了音乐版权的纠纷)、各种美化特色主题的特效(满足了用户个性化需求)、一套简洁易用的视频编辑工具(用户即使不是专业视频剪辑师,也能创作出有一定水准的作品)。

3）个性化推荐节省时间成本

个性化推荐功能是抖音的一大核心竞争力。基于强大的人工智能技术研发和个性化推荐系统,抖音可以根据用户使用行为,分析用户喜好,自动为用户推荐感兴趣的内容,使用户可以沉浸式获取资讯,省去了从大量短视频中检索感兴趣内容的时间成本。

4）借助网红引流

目前,抖音在国内拥有大批网红,他们成为抖音主要的内容贡献者。在抖音刚刚进入市场时,就把流量网红当作员工对待,积极地通过流量补助来帮他们做推广。2017年11月,今日头条为抖音的网红举办了庆祝大会,并宣布将花费3亿美元帮助他们增长粉丝、提高收入。

5）将评论板块转化为社交区

一些人使用抖音的原因之一是可以查看它的评论板块,这已经成为用户交互的社交中心,而评论也像视频一样有趣。抖音允许用户查看视频的同时阅读其评论,所以用户不需要暂停视频来查看评论。

6）推出主题营销

抖音平台会定期推出话题标签,用户可以根据相关话题创作短视频,在众多用户参与的过程中形成话题影响力。用户也可以借话题热度,提高视频的播放量,从而为自己吸引粉丝。此外,抖音网红博主具有很大的流量,他们的话题视频往往被很多用户观看,进而通过这种方式与品牌形成合作,扩大品牌知名度,获得特定领域的客户。

7）从内容过渡到商机

抖音允许创作者嵌入产品链接到他们的视频里,借此实现从内容到商业消费的完美过渡。例如,一个名为"野食小哥"的网红,他拍摄的视频都是他在荒野中寻找的可食用的食物,还推出了他自己的食品系列,如"抖音牛肉酱"。当用户看他的视频时,右边就会出现一个购物车图标,在屏幕上显示视频中提到的商品,用户可以通过点击该图标购买。

8）赋有全球战略眼光

抖音赋有全球战略眼光,首先体现在进军海外市场的同时将中文版简洁页面与海外本土文化内容相结合,使产品既国际化,也提供优良的用户体验。Tik Tok将许多国家的本土歌舞文化融入小视频中,例如风靡印度的脸部绘画和在韩国大热的 k-pop。

3.7.3 盈利模式

当前,抖音拥有巨量的用户流量,用户、商家可以在抖音上经营自己的账号实现变现,抖音从中收取平台费用实现盈利。抖音的盈利模式可以梳理为以下几点:

（1）广告变现。用户通过抖音账户经营,可以获得大量的关注及流量,一旦流量达到一定程度,就会有广告商主动联系商谈合作。据悉,粉丝规模达到 10 万就会有广告收入,目前这种方式的具体定价体系还不够成熟,不能一概而论,但是可以知道的是,越是专注于某一垂直领域的用户账号,所能带来的广告变现价值越高。

（2）引流变现。引流变现一般都是在视频或者主页植入自己或者第三方的联系方式,这里可以分为 3 个阶段:给自己的微信或者公众号引流;引流到第三方平台;然后在第三方平台实现变现。

（3）直播变现。直播变现主要有两种方式:粉丝打赏和卖货。最简单的就是通过粉丝的打赏（刷礼物）来获取音浪,而音浪可以直接提现为人民币,目前来讲,抖音上的音浪提现比例是 7：1,想要提现也非常简单,直接在"我的"选项中进入"钱包"兑换就行。另一种就是通过卖货实现变现,这也是目前非常火爆的变现方式。

（4）橱窗变现。抖音用户只要进行实名认证并且发布超过 10 个视频就可以满足申请抖音商品橱窗功能的条件，通过橱窗出售商品。如果有自己的店铺和商品，可以通过抖音商品橱窗链接淘宝店铺，把精准粉丝引流到店铺购买产品，从而达到变现。

（5）培训类变现。抖音也运营技能培训教学等账号，引流到微信，出售课程，从而达到变现的目的。抖音培训也可以进一步细分。当然，应该还会衍生出非常多的模式出来。

（6）招加盟商变现。此种模式适合公司或企业，当用户的账号吸引了众多的精准粉丝，并且产品在抖音有了一定的知名度后，就会有人想要加盟，从而通过抖音获利。

3.7.4　市场分析

接下来，通过 SWOT 模型对产品做如下分析。

1. 产品优势（Strengths）

抖音的产品优势体现在如下几方面：

1）个性化推荐，千人千面

抖音通过强大的数据挖掘和个性化推荐系统，可以根据用户的使用情况生成用户分析画像，进一步判断用户感兴趣的领域和内容，从而可以很好地满足当前有个性化需求的用户。

2）平台逐渐具备社交属性，提升社区融入感

抖音最早旨在帮助用户以短视频形式分享生活片段，打造一个短视频社区，而随着用户规模的不断增大，用户相应制作的短视频作品种类和数量也不断攀升。随着平台对互动功能的不断完善，用户可以在平台上组建用户社群，从而提高社交属性和用户黏性。

3）信息流给予用户清爽的观看体验

全屏高清的短视频体验是抖音的一大优势。与传统的短视频平台不同，抖音更专注于用户在短视频中的沉浸式体验，相应的附属功能设计在界面边缘。

2. 产品劣势（Weaknesses）

1）内容质量逐渐下降

抖音的个性化推荐系统虽然功能强大，但由于推荐内容的不断同质化，导致用户视野很难被进一步打开。此外，抖音内容也随着用户对于低俗视频兴趣趋势的影响，质量不断下降，因此抖音需要考虑的是，如何保证在不断扩大用户群体的同时保证视频内容的质量。

2）"同城"功能较鸡肋

同城用户的作品质量往往难以得到保证，对用户的吸引力不高。此外，用户很难

真的在线下见面,线上成为好友的可能性也不高,导致同城功能难以形成产品闭环。

3. 产品机遇(Opportunities)

短视频行业正处于高速发展期,市场上存在许多功能类似的 App,如何在众多短视频 App 中抢占市场份额是一个巨大的挑战。

4. 产品威胁(Threats)

抖音与其他平台(例如快手)存在竞争。目前快手也在积极打造自己的短视频平台,用户急剧增长。

3.7.5 发展前景

基于抖音当前的发展现状,给出以下几点发展建议:

(1)可以不断完善配乐特效和视频剪辑的功能,提高用户使用体验,推行话题机制,提高社区的质量和用户活跃程度。

(2)让用户在平台上进一步获得价值感,例如可以鼓励用户持续不断地创造优质作品,对于优质作品、优秀用户进行奖励;可以培养创作者的创作技术和创作能力,丰富创作经验,进一步产生优质作品;可以搭建用户和商家的对接桥梁,让用户在为商家宣传的同时自身也获利。

(3)为商家创造更多价值。对于线上商家,尝试搭建在线商城或抖音城市;对于线下商家,提供商家定位,进一步提高广告转化率和广告质量,使广告可以在垂直领域精准投放。

3.8 "唱吧"案例分析[①]

本节从背景介绍、产品与服务、盈利模式、市场分析以及发展前景 5 个方面对"唱吧"进行案例分析。

3.8.1 背景介绍

"唱吧"(标识见图 3-16)是一款 K 歌音乐型应用,用户可以在唱吧上在线 K 歌,录制自己的音乐作品。平台提供丰富的伴奏曲库和强大的音频处理工具,用户录制过程可以自动混响,录制完后还可以在线进行声音美化,还可以将作品上传到个人账户被其他用户听到,也可以同步到如朋友圈等各大社交平台。此外,平台还

---

① 本案例由张庆、龚涛、汪邦坤、陈晓滨、陈均(来自福州大学 2015 级与 2016 级软件工程专业)提供。

支持在线连麦、直播等功能,满足用户 K 歌的各种需求。

下面将从政策、经济、社会、技术 4 方面介绍平台的产生背景。

图 3-16 "唱吧"标识

1. 政策环境

近几年,国家有关部门出台的音乐产业促进法案以及保护音乐版权的政策法规给在线音乐行业提供了良好的整体环境。全国政协委员徐沛东向全国政协十二届五次会议提案:建议制定《音乐产业促进法》,将音乐产业纳入国民经济和社会发展的顶层规划,使音乐产业成为拉动内需、促进就业、推动国民经济增长的重要产业。这一举措极大地推动了我国音乐产业的进步,同时也提高了从事音乐行业工作者的信心。

2. 经济环境

相比传统的线下 K 歌,在线 K 歌用户覆盖范围更广、使用门槛低、用户黏性高,这大大提高了投资回报比,受到了大量资本的关注。年轻人作为主要用户,更热衷于在线练歌和在线 K 歌这样新颖的音乐模式,大量用户被这种易用性和随时随地想唱就唱的便捷性所吸引,在线 K 歌正是抓住了年轻用户看重社交和热衷分享的需求,在用户群体中越来越流行。以天籁 K 歌为例,截至 2017 年 12 月底,其用户总数已达到 1.1 亿,月活跃用户超 3000 万,平均使用时长超 60 分钟,其中,19~35 岁的用户占比为 66.42%。

3. 社会环境

由于 K 歌这一娱乐活动满足家庭娱乐和社交娱乐的性质,面向的用户范围十分广泛。每到周末或节假日,城市的 KTV 经常出现一房难求的场面,许多用户都想在专业的伴奏环境下一展歌喉。"唱吧"可以提供给人们一个想唱就唱的便利条件,尤其是用户没办法到 KTV 这样的专业环境下的时候。在互联网技术不断发展的当前,娱乐模式和消费模式渐渐发生改变,传统的 KTV 由于其场景单一的缺陷已经渐渐不能满足用户需求。

4. 技术环境

随着移动设备性能的提升和普及,以及网络带宽条件的不断改善,智能手机越来越普及,用户可以随时在手机上进行 K 歌,打破了时间和空间的局限,大大提高了 K 歌的便捷程度。

3.8.2 产品与服务

1. 产品介绍

唱吧拥有自己唱、跟别人一起唱、还有听别人唱的 3 大功能。无论是自己唱、跟别人一起唱还是听别人唱,肯定最先要搜索定位到特定歌曲。唱吧的曲库丰富,提供了多种搜歌方式,包括语种、风格、中国特色、戏曲、练唱、年龄、主题、场景、心情、发行年代,很少会有找不到想唱的歌曲的情况发生。唱吧快速启动打开就能唱,支持歌星、分类点歌等多种点歌方式。

作为唱吧的主要用户群体,90 后用户普遍具有追求娱乐、社交及闲暇时间较多等共性,是相对热衷 K 歌的人群。唱吧用户大致可以分为 3 类:K 歌者、网红或者艺人、听歌者。平台可以为以上 3 类不同需求的用户在线推荐他们所感兴趣的音视频内容,整理优质歌单向用户推荐。此外,还会在排行榜等页面为不同用户提供特殊的宣传服务。

唱吧结构框架如图 3-17 所示。

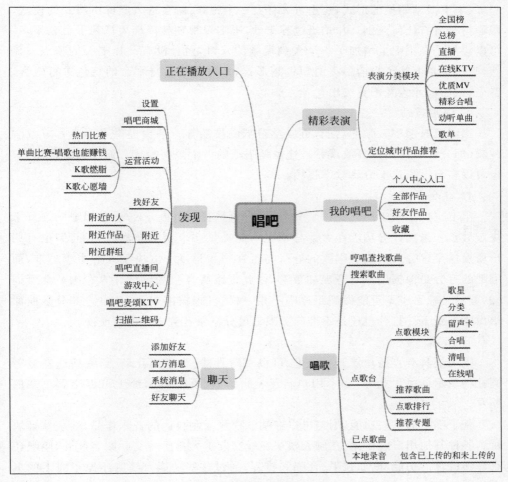

图 3-17 "唱吧"结构框架

唱吧的主要功能如下：

1）自己唱

用户可以自己录制歌曲，在"自己唱"的功能下用户可选择一键修音并分享录音。有时候一点失误将会导致整首歌出现瑕疵，一键修音可以修五音不全、跑调等失误，让每个人唱出动听的歌声，这极大地满足了人们的需求。用户唱歌的时候还同步显示歌词，方便了记不住歌词的用户。

2）短视频

唱吧还具有录制短视频的功能。目前，短视频仅支持 15 秒，特效很丰富，但需要在视频拍摄完成之后操作。视频拍摄完成之后，会上传至个人主页，同时有机会被推荐到首页顶部的"精彩短视频"信息流。首页的"精彩短视频"信息流采取的是竖屏、上下滑动切换的形式，点击进入任意一个视频，就会进入竖屏沉浸式的模式，跟刷抖音没有任何区别。从拍摄过程来看，唱吧短视频与传统短视频平台差不多，可以说只是在唱吧上增加了一个录制视频的入口，而且没有凸显唱吧的特点。显然，唱吧只是上线了目前最火的短视频形式，并没有与自身平台的特色进行融合，音乐、歌曲等元素并不算突出。

3）演唱教学

唱吧具有演唱教学的功能，可以学习唱歌技巧等。平台提供了不少官方教学视频（部分免费向用户开放观看），这也是唱吧的一个盈利模式。而作为普通用户，也可以在自己账户上分享教学视频。

4）社交平台

唱吧提供了一个广大的社交平台，用户可选择与好友 PK，通过唱吧的评分来决定胜负。虽然评分功能在大部分情况下能提供一个相对准确的标准，但也有用户质疑这个评分的算法。唱歌的好听与否在很大程度上取决于人的主观标准，而唱吧的打分是根据用户的音准和节奏，因此很难将技巧和感情计算在内。众所周知，就算是歌手也不可能做到跟原唱一模一样，且根据网友测试，将一部分歌曲原唱由唱吧录下并打分也还是不准确。唱吧可分享录音到自己的社交圈。

5）直播

唱吧还具有直播功能。在这里，可以观看直播、与主播互动、给主播送花或者刷礼物表示认可。此外，每个用户自己也可以开设主播间，线上可以交到更多的朋友。

基于唱吧的这些功能，用户可以在唱歌模块录制自己的音乐作品，在表演模块听到各种其他用户的作品，在聊天模块在线交友扩大自己的交际圈。此外，唱吧还有许多特殊的功能，例如独唱、合唱和排麦，通过这些功能可高度还原了线下的 K 歌体验。

2. 产品特点

唱吧作为一款主打在线 K 歌类产品,具有以下特点:

(1) 对比传统线下 K 歌模式,唱吧的在线 K 歌可以做到随时随处可唱,大大方便了用户的 K 歌需求。

(2) 高还原度模拟线下 K 歌的体验。线上还原了线下 K 歌的排歌场景,较好地移植了线下产品的体验。

(3) 界面简洁,操作简单,用户可以快速上手,满足自己的 K 歌需求。

(4) 用户在平台上可以满足自己的社交需求,通过分享作品展示自我,满足不同层次用户的需求,同时促进用户的歌曲产出量,平衡平台内的内容消耗和内容产出的需求,从而形成良好的社区氛围。

3.8.3 盈利模式

唱吧的盈利模式总结为如下几点:

(1) 广告收入。广告植入是大多数应用都具有的盈利模式。唱吧自上线以来就逐步进入状态,虽然被全民 K 歌后来居上,但积累下的用户流量仍然十分庞大,这种情况下自然不会缺少广告商主动来寻求合作。

(2) 会员制度。唱吧最主要的盈利模式就是会员制度。唱吧中相当一部分用户会为了更好的使用体验而选择开通会员(可以享受找回不小心删除的歌曲、商城折扣等权利)。

(3) 增值业务。唱吧的盈利模式还包括一些增值业务,例如让用户购买礼物打赏主播、购买个性装扮(与 QQ 类似),到唱吧商城购买一些硬件,如麦克风,获取直播间收益(从观众给主播的打赏中抽取一定的抽成)、发布演唱教学视频等。

3.8.4 市场分析

唱吧当前在音乐产品中排第九名,在 K 歌产品中排第二名,综合两个榜单,唱吧目前均落后于全民 K 歌,所以将唱吧与全民 K 歌进行比较(如表 3-1 所示)。

表 3-1　竞品比较

对比项	唱吧	全民 K 歌
版本	7.0.5	3.3.8.278
口号	最时尚的手机 KTV	你其实很会唱歌
产品定位	"陌生人"社交 K 歌应用/K 歌 O2O 平台	全球首款熟人社交 K 歌应用
用户	16～35 岁,24 岁以下学生居多	16～35 岁,学生和个体户居多

对比项	唱吧	全民 K 歌
特色功能	海量伴奏/点歌台/各类混响/人气社区/合唱/明星对唱/导出歌曲/视频特效/大赛/线下麦颂 KTV/直播间	海量伴奏/点歌台/段落重唱/调音台/合唱/好友打擂/大赛/私信/趣味弹幕/鲜花赠送/绿钻特权
基本需求	搜索伴奏、唱歌、录歌、视频合唱、分享	搜索伴奏、唱歌、录歌、搜索好友、好友合唱、分享
使用场景	自己练唱、小范围家庭聚会	自己练唱

全民 K 歌的用户环境更偏向于熟人社交,产品可以与微信和 QQ 联动,熟人系统更加完善,而唱吧则更偏向于陌生人社交方式。全民 K 歌是自己录个音乐,朋友之间打趣交流一下,更接近线下 KTV 提供的需求;唱吧很多时候是互送礼物,带有较强的功利性。全民 K 歌的用户数一直保持快速增长;唱吧则是苦心经营歌手形象,用户黏性较强。全民 K 歌通过强大的熟人关系链引流,用户规模迅速扩增,此外,结合良好的用户体验,在各大 K 歌排行榜上排名迅速上升。但也正是熟人交际圈导致了分享用户的局限,因而可以进一步拓展陌生人社交的渠道。唱吧拥有大量的艺人优势和先熟市场,另外还有丰富的和陌生人互动的社交方式,可以鼓励用户推送优质音乐作品进行持续拉新,提高用户的参与体验。此外,如果唱吧可以将陌生人社交圈子不断推进,将成熟的艺人资源充分发挥,打造一个集优质原唱和翻唱作品的音乐社区,并积极进行产品宣传,想要重新拿回用户市场也是有机会的。

接下来,通过 SWOT 模型对产品做如下分析。

1. 产品优势(Strengths)

(1) 大部分歌曲免费。

(2) 自动混响和回音效果好。

(3) 具备打分功能,可与好友一起 PK。

(4) 可以通过送花、刷礼物的方式与歌友进行互动。

(5) 上传录音到唱吧,并同步分享到微博等社交平台。

2. 产品劣势(Weaknesses)

(1) 打分曲线有时会和歌曲不匹配。

(2) 用户间互动性弱,回复少。

(3) 第三方登录有骗取用户授权之嫌。

3. 产品威胁（Threats）

(1) 同质化的竞争。

(2) 用户忠诚度不高。

4. 产品机遇（Opportunities）

(1) 电子商务发展迅速。

(2) 搭建起草根娱乐社交平台。

(3) 明星效应的吸引。

(4) 唱吧满足国人保守内敛的观念。

3.8.5 发展前景

综合梳理唱吧的未来发展机会，可以总结如下：

(1) 形成音乐版权互换模式。唱吧虽然向用户提供了丰富的伴奏曲库，但是相应的版权一直是一个难题。虽然用户可以上传本地伴奏作为线上伴奏，但是仍然不能彻底解决版权归属，因此可以考虑与各大音乐公司进行合作，形成版权互换的模式保护音乐版权。

(2) 增加变现模式。唱吧可以进一步完善产品变现的方式。一方面，可以增加用户的付费场景，培养用户的付费习惯，比如可以推出剪辑混音工具付费包、对伴奏的音质按等级收费，对部分优质作品的收听和下载进行收费。另一方面，还可以增加会员项目，针对不同等级的会员提供不同的服务水平，对部分优质功能转化成会员专享服务。

(3) 拓展产品形态。唱吧可以丰富用户收听场景，支持歌星推荐，通过标签为用户建立歌星推荐清单，还可以推出在线听歌免流量服务，将唱吧转化为随处可用的音乐平台。而当前 EDM（Electronic Dance Music，电子舞曲）音乐火热，打造EDM 专区，可引进电音 DJ（Disc Jockey，电台音乐节目主持人）入驻平台。

(4) 利用粉丝经济，扩大自身影响力。唱吧可以抓住实时热点，包含影视剧或者热点新闻，利用粉丝经济扩大影响力。一方面，可以推出众筹打榜功能，让用户可以为自己喜欢的明星用户助力，甚至助力打造单曲或者是专辑；另一方面，可以采用帮带效应，鼓励用户演唱明星歌曲，平台将投资举办明星的线上线下粉丝活动。

(5) 产业链方向。唱吧可以借助目前的优势，整体打通在线音乐行业的产业链，借助泛娱乐行业生态链逐渐形成的机会，从演出、二次元、影视、文学等方面入手，结合造星计划，扩大自身 PGC 内容的生产量，在形成自身资源优势的同时，增加进行版权交换的筹码。

3.9 Keep 案例分析[①]

本节从背景介绍、产品与服务、盈利模式、市场分析以及发展前景 5 个方面对 Keep 进行案例分析。

3.9.1 背景介绍

Keep(标识见图 3-18)是一款运动社区类应用,产品在 2015 年正式上线,致力于为用户提供健身教学、日常运动、饮食指导、健身交际圈搭建、运动装备采购的运动全流程服务。

图 3-18 Keep 标识

随着人们生活水平的不断提高,人们越来越关注健身运动。在创建 Keep 之前,王宁用百度指数查询过"健身""瑜伽"等关键词热度,发现从 2006 年到 2014 年,健身运动需求的平缓增长被骤然打破——2014—2015 年,一年的时间健身运动需求翻了 3 倍。另外,在健身房中或者瑜伽垫前,却不知道如何开始,直接掏出手机来百度的人比比皆是。王宁当年也是健身小白,Keep 就诞生于他的一次痛苦的减肥经历中。王宁谈到打造 Keep 的初衷有以下几点:

(1) 提高运动的及时性和便捷性。用户可以利用日常生活中的碎片时间,随时随地进行运动,打破时间和空间的限制。

(2) 提高运动的积极性。用户在运动过程中容易产生枯燥无味的心态,这导致很多用户难以长期坚持,运动效果不佳。王宁就希望能打造一款鼓励用户长期坚持的应用,利用移动端运动打卡和分享运动经历是一个不错的选择。

(3) 提供运动的专业性。面向运动小白,可以提供标准的运动指导;而面向运动大佬,也可以制定高阶运动方案;面向中低水平的运动健身人士,主要解决他们的运动需求。

将国内外体育产业结构进行对比,国外已经出现了一批视频课程类的健身产品,如 FitStar、Nike Training,国内则还没有出现成熟的同类应用。针对国内健身运动市场的空白,Keep 正是为满足国内健身爱好者的工具性需求而来。

---

① 本案例由翁昊、孙文慈(来自福州大学 2016 级软件工程专业)提供。

3.9.2 产品与服务

1. 产品介绍

目前,在健身领域,Keep 已经成为行业标杆。Keep 优质的健身课程体验,帮助很多用户实现了自己的减脂目标;社区内容也是充满正能量,帮助用户分享知识,交流运动心得。

Keep 主力军目前主要由 90 后白领一族组成。白领一族的主要特点是没有整块时间去健身房、碎片化时间多。但是又长期久坐、看电脑,导致出现颈椎、腰椎问题的人数逐年增加,因此 90 后越来越重视运动,需要利用碎片时间来运动保持健康。此外,不同年龄阶层的消费者对于健身拥有不同的诉求:除了增强体质这个共同的诉求外,多数 70 后、80 后重视通过科学系统的运动健身在缓解压力的同时有效预防运动损伤,而不少 85 后则重视通过高效的运动内容设计达到塑身修形的效果,90 后则将运动作为社交的重要一环,喜欢通过晒运动照、晒运动成果在社交网络中塑造自身健康形象。

Keep 目前面向用户可选择地提供了 16 项单次训练和 7 项综合训练计划,用户可以根据自己的训练目标和训练条件选择满足需求的训练内容。用户运动过程中可以通过语音提示和视频指导得到更加专业化的训练,这与国外同类型产品 Six Pack 功能相似。而不同的是,Keep 提供了真正的私人教练视频录制指导,在运动过程中会更加有趣味性。

Keep 结构框架如图 3-19 所示。主要功能有以下几种。

(1) 课程——包含多种健身训练课程。

课程的内容有跑步、骑行等日常运动,也有减肥、增肌等健身方式,还有瑜伽、冥想、康复训练等,训练计划面向不同的人群,满足不同人群的各种个性化需求。

① 跑步功能——多维度记录运动轨迹和数据。

支持室内和户外两种跑步场景。户外跑步方面,可以多维度地记录包括运动轨迹、跑步速度、跑步距离等数据,用户可以分享跑步记录来获得跑步勋章。室内跑步方面,在跑步机上跑步也可以全程进行陪伴,可以知道用户的呼吸频率和跑步配速等,形成专业数据,帮助用户高效跑步。

② 骑行功能——记录骑行轨迹和运动数据。

类似于跑步功能,骑行功能也可以为用户提供实时骑行过程中的运动数据,包括骑行轨迹、骑行配速和卡路里消耗情况等,完成一定的骑行量就可以获得平台授予的骑行勋章。

(2) 社区板块——用户之间分享健身成果。

集中展示社区话题及活动,用户参与话题或活动时可以实现图片和视频分享。

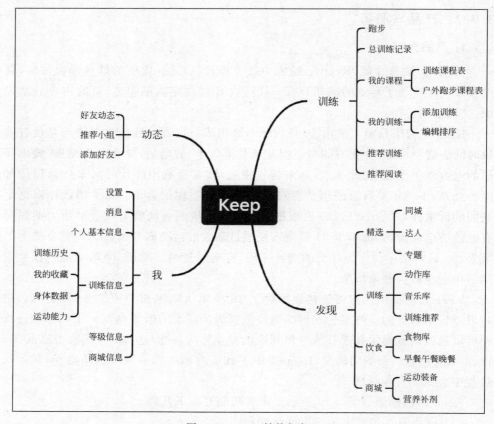

图 3-19　Keep 结构框架

每个训练课程结束当天,都有一个"打卡"的分享环节,这也是一种间接的督促。"打卡"之后,程序会显示有多少人完成了这个训练,还可以打开看其他人锻炼后的吐槽、自黑、共勉,还有"福利"。

（3）计划——让用户训练时更有目标和方位。

用户可以设定自己的每日目标或者是训练的课程。

（4）商城——让健身装备更专业。

在商城内,平台发售 Keep 平台的相关产品,如运动器材以及运动服装等,自发售的运动产品可以更加符合推出的训练计划,满足用户不同场景的需求。

2．产品特点

Keep 产品有以下特点:

（1）与传统的健身房运动相比,节省时间和花销是 Keep 产品的一大优势。用户的健身门槛降低,用户不用在运动初始担心一次性支付健身房的高额费用。此外,随着人们生活节奏越来越快,碎片化时间运动是符合人们当前需求的,通过 Keep 用户可以随时随地进行运动,更加方便快捷地获得运动过程。而用户在平台上与其他运动用户分享运动经历,这样的运动社交化更大程度上鼓励用户持续运动,同时也集合了特定的运动群体,从而扩大用户交际圈。

(2) 运动门槛低,获得专业训练的机会变得快捷。平台可以面向不同需求和层次的用户,为其提供专项训练计划,系统性地指导运动,不论是健身小白还是运动大佬,都可以得到满足。而对比自己摸索,专业化的训练过程可以让用户更好地坚持运动,看到运动效果。

(3) 功能丰富,支持多样化的运动方式。Keep 可以支持的运动方式十分广泛,包括健身、跑步、骑行、瑜伽、冥想等,此外还有丰富的运动产品推荐,并推出了运动饮食指导和运动直播等方式,增强了训练的个性化,可以涵盖更多的运动场景。而运动社区的搭建,也满足了用户的社交需求,互动方式也更加多样化。

3.9.3 盈利模式

Keep 的盈利模式有以下几点:

(1) 内容收费。先以免费的基础功能教学视频让用户开始使用产品,而一些进阶和特色课程采取收费,试图圈住一部分拥有强烈、明确需求的用户,比如快速塑体、短期增肌等。

(2) 广告。接入优质商家,投放健身方面相关广告。健身 App 的广告要在不偏离运动主题的范围内才能获得比较好的转化率,否则也将影响用户体验。

(3) 商城模式。现在的 Keep 还只是在探索打造品牌,从商城入口只是一个二级菜单,可以看出 Keep 正在将健身产品做成一个品牌,运动健身本身免费,而通过如穿戴式设备、运动装备、保健品等周边商品的售卖盈利。

(4) 线上免费,线下收费。同城里有 Keepland 线下课程,软件平台本身免费,而一些 O2O 业务,比如约教练、场地租赁,要么抽取佣金,要么收取组团结队的费用。

3.9.4 市场分析

接下来,通过 SWOT 模型对产品做如下分析。

1. 产品优势(Strengths)

1) 便捷优势

随着移动技术的不断发展,智能手机越发普及,用户通过手机就可以得到很好的健身运动指导。Keep 满足了当代用户碎片化时间运动的需求,随时随地就可以运动,而不需要特地去健身房,还省去了请健身教练指导的麻烦。而 Keep 借助智能技术,可以实时记录用户的运动数据,让用户在运动完之后看到自己的运动情况,以便更加科学专业地锻炼。线上的分享功能也可以让用户与好友一起运动,打破了时间和空间上的运动限制,更好地满足用户弹性的运动需求。此外,Keep 应用界面简洁,新手易于上手,内容和布局合理,从而大大降低了用户的操作难度。

2) 经济优势

大量的健身群众不仅需要专业性的健身指导,而且还需要经济实惠的服务。这造就了大量健身类 App 的出现。Keep 对所有用户实施免费注册,且使用各项实用功能均免费,不仅为用户提供了专业化的指导,更为用户节省了一大笔请专业指导的开销。Keep 以此吸引了大量的注册用户,并在健身类 App 行业迅速崛起。

3) 个性化优势

如今,随着人们健身目标的多样化,人们更加注重适合自己的健身方式与内容,需要将健身内容细化,分为减脂训练、塑形训练和增肌训练等。Keep 通过注册用户提供的自身基本信息,如身高、体重、年龄、职业等信息,结合用户的健身目标制定不同内容的健身计划,并推送先进化、个性化的健身课程,如性别不同,生成的训练项目不同;预期成就不同,生成的训练强度不同。为了适应不同用户,Keep 还会为每个动作设计相应的动作预览,为用户提供一种个性明显、针对性强的专业化健身指导。

4) 互动性优势

现代生活中,人们以自我锻炼为主,缺少伙伴的陪伴。而借助 App,通过网络可以实现与陌生人的互动与互相促进。而且,现代人很乐意将健身作为一种新型的社交方式,通过健身类 App 展示自我、结识新朋友、交流经验。Keep 平台的"发布"功能实现了用户在健身过程中的即时交流,用户可以发送自己的健身心得、体会与经验。而其他的用户也可以通过这些信息追踪到自己感兴趣的其他用户,并与其交流分享自己的健身体会。Keep 通过使用者的相互交流,营造出了健身爱好者之间相互监督、促进和赶超的良好的健身氛围。

2. 产品劣势(Weaknesses)

Keep 的服务内容还不够全面。目前向用户提供的主要还是健身运动指导,包括动作指导和技术指导等,虽然提高了用户专业运动健身的程度,但是与此同时也忽略了一些相关领域的服务。比如除了专业化的运动健身训练计划,还可以向用户提供运动健身过程中常发生的运动损伤的知识普及、预防与自我防护,健身之后缓解运动疲劳的相关知识,以及更加科学健康的运动饮食搭配指导等。这些内容与健身运动是密切相关的,增设这些内容的服务可以让用户体验到一站式全流程的运动指导,使平台集健身运动、养生保健于一体,内容更加全面,功能更加齐全,这样可以让用户在一个平台上就能解决所有的运动问题,进一步提高用户的使用频率。

3. 产品机遇（**Opportunities**）

1）政策机遇

当今我国的经济取得了巨大的成就,收入的不断提高使人们在工作之余开始寻求更好的娱乐身心的项目,健身成为大家的首选,这也为健身类 App 的发展提供了充足的动力与保障。

2）技术机遇

随着移动终端技术和人工智能技术的不断提高,互联网信息技术走进了人们的日常生活,改变了人们的生活方式。对于各类移动应用平台,软硬件技术的不断提高使产品可以更加人性化地为人们提供服务。对于健身类应用而言也是如此。科学技术的进步让健身类应用提供的智能服务更广泛,包含轨迹记录、心率测量、卡路里消耗计算等,进一步让用户得到更加科学的专业化健身方式。总地来说,没有科学技术的发展,也就没有当今各类应用产品的成功。

3）健身人群不断扩大的机遇

随着国内经济的进一步发展,加上舆论的正确宣传,使得大众健身运动快速普及。2011—2015 年,中国健身事业取得长足发展,经常参加体育锻炼的人口比例达全国人口数的 33.9%。如此庞大的健身参与人数,使得对于健身类指导的需求缺口越来越大,尤以一二线城市明显。面对如此规模巨大的健身需求,一款款健身类 App 也如雨后春笋一般出现。Keep 近两年的快速发展,吸引用户近千万,如此大的客户量还在快速增加,且 Keep 更新功能及版本的周期极短,就是为了不断推出新的功能,让使用者新鲜感,从而留住使用者。

4. 产品威胁（**Threats**）

产品面对的主要威胁还是来自同类产品的竞争。在同类产品的竞争中,有些产品背后的团队会为了提高自己的产品在业界的关注度和影响力,甚至会采取在各大应用平台刷自身产品好评度,从而降低其他产品好评度的方式。此外,随着健身市场的逐步打开,越来越多的新兴产品产生,以期分得市场份额。这些产品中也有具备一定创新性的从更加精细的角度为用户提供服务的,而作为用户,只会关心更加适合自己的产品,用户忠诚度难以得到保证。因此要求产品能够不断地开拓市场,更加贴合消费者需求,这样才能保证在市场的浪潮中激流勇进。而 Keep 本身的优势是提供了用户反馈机制,用户可以在平台上提出自己的个性化需求和分享产品的使用体验,有助于产品有方向性地更新迭代。除了跟同类的线上产品竞争,传统的健身房依然是不可小觑的竞争者。泛化的训练视频虽然可以满足大多数人的需求,但是做不到精细,还是比不上健身房会员可以与健身教练面对面的沟通。所以,Keep 仍然有较长的道路需要走。

3.9.5 发展前景

运动作为一件需要付出耐性和毅力的事,不可避免地存在很多用户难以坚持的情况。Keep 除了需要提供优质的教学课程,还需要建立良好的激励措施,比如更全面的数据量化和展示方式,给予及时反馈,帮助用户更容易地养成健身习惯。

Keep 能为不知道如何训练的用户提供行之有效的训练计划,但目前训练计划形式比较单薄,也存在一定的局限性,因此 Keep 还需要在计划的精准度上做出更多努力,同时还需要完善训练计划模块,给用户一个完整的计划实现反馈。

此外,Keep 推出的其他生态模式也有着长期的发展前景。

(1) KeepClass。

KeepClass 是 Keep 全新推出的内容模块,基于用户多元化的运动需求,通过视频、音频和直播等形式,分享经验。

(2) Keep 海外。

Keep 拥有 15 种语言版本,包含中文、韩语、日语、法语、德语等。有 Keeptrainer 和 KeepYoga 两款产品上线 Googleplay 和 AppStore,并且运营海外 Ins 和 Facebook。

(3) Keepland。

Keepland 是 Keep 线下的城市运动空间,提供数十种训练课程,通过线上与线下结合训练的方式,让用户的运动行为都可在线上展现,并为训练提供指导。

Keepland 处于起步阶段,和健身房相比并不具备竞争优势,所以 Keep 当前应该是决定先打通 Keepland 模式,从而达到长期盈利的目的。目前 Keep 打算开不同主题的门店并从中积累经验,探索线下健身的商业模式。

(4) Keepup。

Keepup 是 Keep 推出的运动品牌。当前中国的体育用品占体育产业相当大的一部分,所以 Keep 想要在这方面盈利还有相当长的一段路要走。

(5) Keepkit。

Keepkit 是 Keep 推出的一款跑步机,可以看出 Keep 已经准备向智能运动领域发起挑战。虽然现在智能运动领域还未迎来发展风口,但随着智能概念的盛行,智能运动肯定会被炒热,在风口爆发前布好局,有利于 Keep 抢占有利地位。

之前,Keep 已经和 ADIDAS 合作,联名推出了限量版训练鞋。和知名品牌合作是个不错的选择,同时可以利用明星效应,邀请明星代言,从而快速提高品牌知名度。

3.10 "超级课程表"案例分析[①]

本节从背景介绍、产品与服务、盈利模式、市场分析以及发展前景 5 方面对"超级课程表"进行案例分析。

3.10.1 背景介绍

"超级课程表"(标识见图 3-20)是一款面向在校大学生的校园服务类应用,由广州超级周末科技有限公司推出,是一款基于大学课程表功能不断扩大服务场景的校园工具。超级课程表除了最基础的大学课程表功能之外,还有许多实用的功能,例如考试成绩查询、记录课堂笔记,以及社团活动和二手交易市场等。产

图 3-20 "超级课程表"标识

品主要面向大学生,可以解决大学生各种在校需求,用户可以在平台上认识新同学,了解实时校园资讯,获得完善的校园服务。

超级课程表的产生背景有以下几点:

(1)比起初、高中固定格式的课程表,大学的课程表更加灵活。大学生每个学期的上课内容都不一样,课程丰富,凭记忆使用课程表并不是一个好的选择。每到期末考试结束后,学生要跑到教务处查询成绩,如果人多,还要排队,这时用手机软件直接查询成绩就可以节约时间,当然会受到大家的欢迎。超级课程表正是找准这样一个市场需求,把这款 App 推广到校园。

(2)大学生活不止有学习和读书,人际交往是大学的一门重要的"实践课"。学生们总是乐意扩大自己的交际圈,希望可以结识更多的朋友。但是对于许多大学生而言,在公共场合与陌生人交流是一件困难的事情,更别说与陌生异性交流了。这就需要一个平台,可以让学生从线上非面对面开始有机会接触新同学,使大家能够有勇气表达自己,而超级课程表的"小纸条"功能就可以满足普通大学生的这一需求。

(3)如果在大学期间能得到工作实习的机会,积累工作经验;或者可以买卖交换一些二手物品,这无疑是对生活有帮助的。还有一些需求,比如找人、找物、关注

---

① 本案例由俞存炜、游嘉铭、谢功山(来自福州大学 2015 级软件工程专业)提供。

校园内部新闻等,超级课程表同样满足了这类需求。

（4）一个 App 通常对应一类服务,使得用户需要下载各类 App 方便自己的生活,导致用户不方便管理和使用各类 App,用户希望仅通过一个 App 就可以解决日常所需。超级课程表集各种学生需求于一身,做到了一个 App 就满足学生所需。

3.10.2　产品与服务

1. 产品介绍

超级课程表以课程表查询为基础,向在校大学生提供各种生活服务。用户不仅仅局限于大学生群体,还面向毕业生、学生家长以及大学老师。用户除了可以利用超级课程表查询课表,还可以记录课堂笔记、查询期末成绩。此外,平台还提供社团活动和失物招领等生活服务,以及校园在线社区,用户可以通过交际功能认识新同学,如一起上过课或参与过共同活动的同学,方便沟通和交流。

截至 2019 年,超级课程表已经在全国 3000 多所学校得到应用,用户量不断增大。超级课程表可以直接对接高校教务系统,自动快捷地导出学期课程表到手机端,方便用户实时查看。此外,还可以帮助用户轻松地找到周围同学,扩大交际圈。每天的活跃用户数量极高,在线互传纸条规模超过 300 万条,拥有 1700 多万注册用户,已是全国最大的校园社区。

"超级课程表"结构框架如图 3-21 所示。其主要功能介绍如下。

（1）课程表:用户可以在手机端一键导入课程表,方便日常查阅。此外,还可以手动添加课程,自定义规划学习计划:通过点击课程表界面空白处就可以添加课程,从校内全部同时段课程中选择感兴趣的课程进行添加。课程包括公共课程以及专业选修课程,可以参考用户在课程下的评分进行筛选。除了校内课程之外,学生还可以添加校外课程,包括雅思、托福等热门课程。定制完成自己的专属课程计划后,还可以分享出去与其他同学进行交流。在未来,超级课程表还将推出跨校蹭课的功能,使得不同学校之间共享课程信息进而打通各大高校。

（2）成绩查询:通过相关系统的账号和密码可在 App 内查询英语四六级、普通话水平测试及全国计算机等级考试成绩。

（3）笔记:用户可通过文本与照片的形式在 App 内进行课程笔记记录,支持将笔记归类置于不同课程名目下。

（4）下课聊:包括讨论趋势、super 小组等功能。

① 讨论趋势:围绕热点话题进行分享与讨论的交流社区,是年轻人观点的聚集地。支持文字、表情、照片与语音信息发送,用户讨论内容可按时间或热度显示。

② super（超级）小组:同爱好学生聚集的交友社区,以兴趣爱好为导向,沉淀

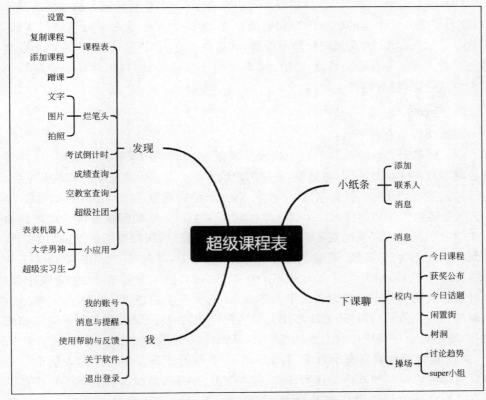

图 3-21 "超级课程表"结构框架

更多内容。目前包括不设限灌水小组、公共树洞、颜值打分小组和校园好声音,更多小组正在持续开发中。同样支持文字、表情、照片与语音信息发送。

③ 闲置街:校内二手交易平台,实时更新用户发布的所有校内闲置交易信息。

④ 树洞:校内话题聚集地,分享身边的故事,畅谈校内精彩瞬间。

⑤ 搜索:搜索功能支持查找用户 ID 以及通过关键字查找下课聊版面中的相关动态;搜索版面的同时,为用户推荐月度选手与热门学校。

(5) 空教室查询:显示本校现存空闲教室,方便用户第一时间找到空闲的教室自习或举办社团活动等。

(6) 日程倒计时:记录纪念日、活动等重要日程活动与各种考试时间。用户可自定义日程提醒内容与提醒时间。

(7) 校园头条:发布校园新鲜事,每三日更新一次。现有时事、猎奇、情感、故事、历史与人物 6 大栏目。

(8) 考研经验分享:涵盖各大名校研究生学长分享的考研干货与视频课程。

（9）第二大学：第二大学是超级课程表联合 13 个名企共同创办的一所高等学府，致力于培养大学生的职场认知和职场技能，帮助大学生进入企业参观与实践，了解企业如何运作，人员如何招聘与管理，从而提前进入职场。同时也帮助企业培养需要的人才。合作企业将认可第二大学学员。校招面试时，向合作企业展示第二大学结业证，将会被优先录用。

2. 产品特点

超级课程表有以下特点：

（1）服务于大学的工具平台。内置社团活动、教务通知、校园新鲜事，用户可以随时掌握；跳蚤市场、失物招领，便捷用户的大学生活；快速登录高校教务系统，自动导入课表到手机；课堂笔记、空教室查询、成绩查询等实用功能应有尽有。

（2）第二大学功能强大。第二大学能让大学生在大学期间跟着行业里最好的人才学习职场上所需要的技能，了解一流企业的总裁、资深高管们的实战经验；通过到一流企业参观、实践，了解企业的运作模式、分工，以及每个部门、职位的工作内容和工作流程，培养大学生对职场的认知，知道自己未来想做什么，能做什么；同时让企业用一种更好的方式接触大学生，了解大学生的想法、创意，让大学生给企业注入一股新鲜的血液，也能够让大学生在大学期间就了解、学习到不同企业的文化，使得企业在校招环节上更具竞争力，从而挖掘到更多优秀的年轻人才。

（3）超级课程表具有小范围、特定人群关系网的优势。超级课题表里很多功能其实都可以在其他软件上找到，而且就功能拆分来讲，超级课程表里的功能也没有有些网站或者软件供应商的功能强大，用户有什么理由来选择这样一款 App 呢？其实，这里又涉及一个网络诚信问题，因为在网上大家都不知道对方是谁。如果知道聊天对象在同一个地区、同一个学校，这样，用户的安全感就会强些。线上、线下的关联更紧密，相对较高的诚信度，也更方便地支持了 App 的功能应用，比如说"二手市场"功能。而且大家都在一个生活环境，有更多的共同话题，用户群组黏合度更高。相比其他软件的大范围人群关系网络，超级课程表的小范围、特定人群关系网以学生而主，更显出产品的优势与核心竞争力。其实，超级课程表就像在打造一个个以学校为单位的小型网络生态圈，这些生态圈有人们生活、娱乐的各个相关功能，虽说功能不是很强大，但能满足生态圈的需要，这就足够了。

3.10.3　盈利模式

超级课程表的盈利模式有以下几点：

（1）广告收入。

（2）二手交易分成。

（3）与第三方合作，如携程火车票、汽车票和人工翻译。

（4）第二大学。提供与金融、财务、管理、考研、留学、广告、新闻、计算机、设计、心理学相关的在线课程教学。

超级课程表作为一个与全国 1000 多万大学生的交互入口，对于现在的互联网巨头来讲，将是一个拓展大学市场的利器。在移动互联网时代，各家互联网公司都在制定产业的生态链布局，而"超级课程表"所拥有的特性正是这个生态链结构中的重要一环。

3.10.4 市场分析

根据数据显示，目前全国高校学生总规模超过了 3000 万，巨大的用户群体背后是大体量的市场价值，因此，校园市场一直被许多公司关注，特别是大学生校园市场。因为大学生作为互联网的年轻群体，拥有巨大的传播力，几万级别的大学生市场能在产品推广中起到关键性的作用。

超级课程表从 2014 年最初提供课程表查询功能起步，不断完善产品服务，扩大应用范围。产品除了纵向完善课程表功能，还横向拓展校园应用，包括成绩查询、二手市场和失物招领等功能，更是为大学生搭建了校园社区，让大学生可以及时了解校园资讯，陪伴大学生度过大学 4 年的校园时光。

超级课程表为工具类软件。其实不然，如果它只是一个简单的工具，而不能承载社区交流、信息流通的功能，这个软件必然会在众多的工具 App 中被淹没。

接下来，我们通过 SWOT 模型对产品做如下分析。

1. 产品优势（Strengths）

（1）超级课程表是一款 App 产品，市场占有率大。现在，大学生几乎人手一部手机，这款 App 产品在手机上运行实用、便捷，覆盖学校多且课程丰富。

（2）"小纸条"的私信形式，贴近学生群体，让受众有比较深刻的代入感（类似于学生时代传纸条）。特殊的方式给予了受众信息保护，更让用户的隐私得到了尊重。

（3）产品特色鲜明，对受众完全免费，只需下载，没有任何费用；操作简单，针对性和目的性强，使用方便。

2. 产品劣势（Weaknesses）

（1）针对性过强，适用人群较为单一。超级课程表目前应该着手解决使用人群的问题：超级课程表大部分是大学生在使用，这对超级课程表未来发展十分不利。因此，超级课程表一方面应加大宣传力度，另一方面应增加多方面的应用，以吸引其他使用人群。

（2）缺少更细化的研究和发展。产品还需要多获取客户的评价来不断改进和创新，应该由专业的技术团队继续产品的研究和发展。

3．产品机遇（Opportunities）

（1）服务于特殊的群体——大学生。许多在校大学生在学习生活上有时不能自己合理安排，而现在人手一部手机，手机应用既可以很好地满足大学生需求又可以得到很好的宣传。

（2）可运用的地理区域广。大学遍布在全国多个城市，而且数量众多，适用于大学生的产品推广范围很广。

4．产品威胁（Threats）

（1）发展过程中遇到竞争对手，如同类软件：课程格子、我是课程表、口袋课表、掌上课表。如果不保持创新和打造产品壁垒，可能在发展的道路上受到威胁。

（2）大学生数量并不占我国人口的多数，所以相对的人群数量有限。

3.10.5　发展前景

超级课程表从课程表的需求出发，以课程表痛点切入大学生市场。而经过前期用户的不断积累，如何实现商业变现是产品未来实现可持续发展必须要考虑的内容。一方面，从用户需求角度出发，其发展前景可以分为以下 3 种类型：

（1）大学生人生规划服务。保留原本的校园市场，考虑大学生毕业之后的用户需求，需要把握大学生的几种人生规划，包括考研、就业、考证、实习工作等，可以提前为大学生的未来规划提供相应的资讯和指导服务。

（2）社交服务。大学生社交是大学生活的重要组成，超级课程表可以着重为大学生的日常社交、社团活动和班级活动等方面提供服务。

（3）生活服务。产品也可以进一步完善大学生日常生活服务，例如宿舍报修等实际生活需求。

另一方面，从产品商业化角度考虑，对超级课程表的发展方向做以下 3 点分析：

（1）大学生人生规划服务方面。超级课程表最早从课表查询功能入手，进一步拓展与学习相关的生活规划是一个好的选择。但是用户群体中能主动为自己做规划的并不多，所以虽然前景美好，但是实现门槛较高。在充分挖掘用户需求之后，产品形成一定用户量级和影响力，大学生未来规划指导和辅助也将成为产品又一大核心内容。

（2）社交服务方面。产品从原本的校园工具性质转化为社交型应用，跨度确实比较大，但是针对大学生群体，社交属性是十分有优势的。首先，不考虑如何实现商业变现，以社交服务作为产品发展战略可以帮助产品更好地扩大用户规模，实现需求覆盖。因为从高中毕业后，原本精力主要集中在学习上的学生在大学压力得到很好释放，所以社交需求是大学生的刚需。而产品原始的课程表和课堂模块，本身就具备非常好的社交属性,因此推动产品向社交服务转型也是十分有利的。

(3) 生活服务方面。产品从大学生实际生活需求出发,更好地为学生提供服务,这必然会提高用户的使用体验和产品认同感。

战略是根基,发展须审时度势。除了考虑推动产品的商业化,在竞品中继续扩大优势也是超级课程表必须关注的重点。目前来说,超级课程表主要是以大学生为用户群体,而在用户群体扩大之后,如何提高用户黏性、提高用户覆盖面是一大考验。超级课程表需要进一步明确发展道路,结合产品战略,不断挖掘用户需求,对产品进行迭代,才能一直保证产品的优越性。

3.11 "作业帮"案例分析①

本节从背景介绍、产品与服务、盈利模式、市场分析以及发展前景 5 个方面对"作业帮"进行案例分析。

3.11.1 背景介绍

"作业帮"(标识见图 3-22)是一款在线学习的工具类应用,旨在为全国中小学生提供学习辅导,目前已经成为国内在线学习辅导领域的领头产品。作业帮学习辅导功能全面,包含在线答疑、作文搜索、古文查询以及直播课等。学生在平台上可以查询题目获得解答流程;可以在线接受名师指导,发现自己知识薄弱的地方进行弥补;可以观看视频直播,与老师互动;也可以与其他用户一起交流,分享答题经验和生活趣事。

图 3-22 "作业帮"标识

随着互联网技术的不断提高,很多传统的行业方式发生了改变,同时也带来了新的机会,创造新的模式。教育行业也是受到互联网发展影响较大的行业,我们可以发现身边越来越多的人使用互联网在线学习获得新知识。学生周一到周五有问题时,可以在教室问老师或同学解决,而到了周末,作业需要单独完成,且作业量大,就产生了线上搜题的需求。

作业帮的产生背景梳理为以下几点:

---

① 本案例由许婧雯、陈海燕、孙玲(来自福州大学 2015 级软件工程专业)提供。

（1）作业时长过长。权威数据显示，目前学生（特别是初、高中生）中，有80％的学生每天的作业时间已经超过了2小时，50％超过3小时。作业时长过长的原因有很多，例如作业多、作业难、课堂未听讲、老师未将知识点说清楚等原因。

（2）师资有限。师资有限体现在两个方面：一方面是老师的时间、精力有限，无法精确照顾到每个人，不能具体了解每位学生的学习情况；另一方面是各地师资力量不均衡，老师的质量参差不齐，一些老师不能很好地对学生起到引导作用。

（3）家长有心无力。家长忙于自己的工作，很难有足够的时间督促学生完成作业，即使想辅导作业，也常出现无法帮助学生的情况，或者还可能误导学生。

以上教育现状给了作业帮切入点。作业帮创始人侯建彬表示，"作业帮一课的理念就是用户第一，而每一个同学、家长、老师，在座的每一个人，都是我们的用户，你们提出的每个问题我们都会非常重视，希望作业帮在大家的共同努力下，越来越完善，能够给每一个有需要的人，送去他们想要的知识和给予他们帮助。"

3.11.2　产品与服务

1.产品介绍

作业帮最初定位在为学生提供拍照搜题的服务，通过自动识别学生上传的拍照题目，从题库中找到相应题目的题解提供给学生。之后，作业帮横向不断拓宽学习服务，添加了一对一辅导、视频学习和在线练习服务，还添加了作文、单词等小功能，做到一站式为学生提供学习服务。作业帮自有的学习工具矩阵，基本满足了基础教育阶段学生的自主学习需求，其前期借助百度系流量的优势迅速积累了大量用户，目前在同类产品中仍占有绝对优势。目前，作业帮用户量已突破8亿，月活跃用户约1.7亿，是基础教育阶段在线教育领军品牌。

"作业帮"结构框架如图3-23所示。其主要功能介绍如下。

1）搜题

作业帮基于强大的图片和语音识别技术，可以为用户提供精准的搜题服务。用户通过拍照或者语音的方式输入待搜索的题目上传，作业帮能从题库中搜索出详细的解题过程供学生参考。目前，作业帮的题库规模达到了1.3亿的量级，并且每道题都已经通过了大量名师的核对，做到每个解答都是最佳解答。搜题可以快速地找到问题的解决办法，节省作业时间，不会把时间花在不必要的节点上（比如知识点理解错误、思路不正确等）。

2）一对一辅导

一对一辅导类似传统家教的一对一，可以根据需要选择老师进行在线辅导，按时收费，还可以进行时长续费，在购买的时间和额度内，可以按需进行立即辅导、预约辅导和专项辅导。辅导后还可以通过"辅导记录"进行复习巩固，并且还能实时看到其他用户的学习情况,从而激励学习。

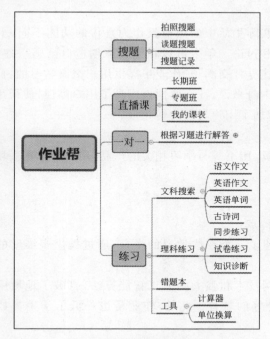

图 3-23 "作业帮"结构框架

3)一课

"一课"是平台向用户推出的直播课服务,学生可以根据自己的学习情况和兴趣选择想要学习的课程和喜欢的老师,按时参加老师的线上直播课。在课上,学生可以给老师留言互动,课后还可以对课程内容进行回放再学习。而对于长期班的学生,还可以与老师一对一交流,进一步提升水平。在线课堂一方面解决了学生学习培训的问题,另一方面为家长提供了选择(较线下培训更具优势)。国内的教师队伍相对薄弱,数量少,且师资不均衡,在三四线城市中很难接触到优秀的师资。直播课可以有效缓解这一问题,使"教育更公平",让师资贫乏地区的学生也能接触到一线城市的优秀师资的优质课程。

4)一练

"一练"是作业帮推出的针对学生在线练习的服务。除了专项练习外,还通过脑力竞技场的模式激发学生的学习兴趣。学生在线练习、实时批改,解决了线下练习结束后,虽然有答案但是没有详细的解析和相关知识点讲解的问题。"一练"的出现提升了学生的学习效率,同时家长也可以利用该功能帮助孩子提升成绩。学生在校园做的练习都是相同的,"一练"提供不同的线上练习,学生不用买实体书,同时练习完之后有专业的讲解。

5) 黑板报

黑板报功能与实际生活中的黑板报作为宣传的功能不同,平台会每日发布主题供学生进行学习和讨论。学生可以在主题下创造自己感兴趣的内容,与其他同学进行交流。通过建立社交圈子,作业帮提供用户交流学习的机会,使得学习不再枯燥。而对于产品本身来说,社交属性也提高了用户黏性,使得用户可以在平台上使用更多的时间,增加了用户付费的转化量。

6) 商城

商城上出售文具、图书等与学习相关的产品,用户可以在商城上自行购买所需的学习用具。

2. 产品特点

作业帮有以下特点:

(1) 为学生搭建了一个在线学习的平台,通过提供多维度的学习服务让学习更加高效。

(2) 利用互联网技术和强大的人工智能算法,打破了地域限制和教育的不均衡,让更多学生接受好的教育。此外,作业帮也降低了学生参加课外线下辅导的费用。

(3) 功能全面:搜题、班级辅导、一对一辅导、练习、同学圈更加体系化,板块划分明确,操作简单。此外,还拥有课程直播、老师答疑和错题本、好友圈与黑板报等功能。好友圈有各种兴趣圈子,黑板报发布各类文章,大大增强了用户黏性,留存了大批的用户。

3.11.3　盈利模式

作业帮盈利模式有以下几种:

(1) 广告投放。广告植入是大多数应用都有的盈利模式。作业帮用户流量十分庞大,这种情况下自然不会缺少广告商主动寻找合作。

(2) 线上直播课。线上直播课可视为一种电商模式,可分为 4 个环节:发掘需求、寻找课程、下单、上课。课程中介绍了课程大纲、课程详情和老师介绍。用户可以在线上下单购买自己所需的课程。

(3) 一对一作业答疑。通过一对一作业答疑功能学生可以自己选择喜欢的名师,对辅导时间进行付费。该功能打破了本地教学资源的限制,让学生可以在线得到名师辅导。类似传统家教一对一,可以进行续费。在购买的时间内,可以按需进行立即辅导、预约辅导和专项辅导。

(4) 商城。引导商家入驻,通过网上商城出售文具、图书等与学习相关的产品,收取商家摊位费用。

3.11.4　市场分析

虽然眼下国内教育水平在不断提高,但是教育资源仍然会出现地域不均衡的情况,针对这样的问题,课外辅导是提高学习成绩的好选择。然而,受到教学监管和交通不便等多方面因素的影响,学生参加课外辅导也困难重重,因此更多学生和家长对在线辅导更加青睐。在线教育让师资水平较弱地方的学生可以与名校名师有接触学习的机会,更好、更高效地对自身学习情况进行提高,可以缓解因地域导致教育资源的不均衡,使得在线教育拥有很好的发展前景。

作业帮通过前期的不断积累,当前已经拥有了庞大的用户群体,再想要进一步拓展用户,只需要合理利用流量资源就可以做到。此外,平台通过增加更多学习服务面实现业务范围的扩增,为用户提供了良好的使用体验,为产品变现打下了良好基础。但是作为一款教育领域的应用,仍需要警惕的是,教育行业本身是个慢行业,如果没有较强的核心竞争力,其他公司可以复制商业模式,以投入大量资金的形式抢用户以及更加符合用户需求的服务快速抢占市场,对作业帮的市场地位形成威胁。

接下来,通过 SWOT 模型对产品做如下分析。

1. 产品优势(Strengths)

(1) 作业帮用户量大,用户使用时间较长。

(2) 由百度的内部产品转变而来,有百度这个强大平台做引流。

(3) 算法、内容分析、拆解技术强,形成技术壁垒。

(4) 视频课程、一对一辅导比线下培训班在价格上有优势。

2. 产品劣势(Weaknesses)

(1) 直播课内容较"好未来"等专业教育机构差,比有道、猿辅导等入局晚,在幼儿教育、编程教育等细分领域存在缺口。

(2) 资本、资源不足。在线教育处于发展阶段,课程和老师数量较少,需要不断扩充。

(3) 大多数用户对该类产品信任度较低。

3. 产品机遇(Opportunities)

(1) 用户群体对互联网依赖度高,用户的习惯也需要不断养成。

(2) 政府部门对学校在线教育、智能化技术的扶持。

(3) 随着信息技术上的快速发展,用户使用习惯的改善,针对基础教育的作业答疑类软件拥有好的发展前景。

4. 产品威胁(Threats)

(1) 在线教育竞品多,核心竞争对手猿辅导产品矩阵完善,获得的资本更多。

（2）各大巨头涌入在线教育,字节跳动进入基础领域,钉钉、腾讯进入在线网课。

（3）线上教育虽然发展迅猛,但是学生的大部分时间还是在学校学习,线上教育仅仅是学生课内学习的一个补充。

3.11.5 发展前景

伴随着移动互联网普及程度的加快,在线教育由于便携、可随时观看记录、重播等属性,具有很大的发展潜力。用户对于在线教育的认知不断扩大,在线教育行业的壁垒很高,对于题库的建设和老师的招聘管理都有着很强的壁垒。而作业帮整体的产品设计是优秀的:在行业内部是龙头产品,并且有较高的产品壁垒,盈利模式清晰;而且目前的用户活跃度可观,对于未来公司边界的拓展有很大可想象空间。

基于以上分析,作业帮产品还可以做以下的完善:

（1）从发展角度看,作业帮的主要盈利在一课以及一对一项目,是对线下教育的替代。但是线下教育目前来说仍是主流,作业帮可以结合线上平台,在社区等地点设立线下培训机构,利用在线平台对学生进行辅导培训。

（2）线上教育虽然发展迅猛,但是学生的大部分时间还是在学校学习,线上教育仅仅是学生课内学习的一个补充;同时还要和诸如托管班等线下培训机构进行竞争,因此应当发挥在线教育的优势,如教育资源优质共享,以及进行后续教学方式的迭代更新。

（3）进一步拓展服务点,利用深度学习和个性化推荐技术,为用户提供个性化推荐服务。可以通过分析学生的使用行为得到用户模型,推荐更加符合学生特质的课程和老师,切实解决学生学习方面的问题。此外,原本搜索题目之后直接给出解答的方式虽然简单好用,但是一定程度上也降低了学生自己思考的能力,因此可以先提供解题思路供学生参考,之后再提供答案进行核对校正。

3.12 "拼多多"案例分析[①]

本节从背景介绍、产品与服务、盈利模式、市场分析以及发展前景5个方面对"拼多多"进行案例分析。

---

① 本案例由曾伟祥、陈奥、黄家皓(来自福州大学 2015 级软件工程专业)提供。

3.12.1　背景介绍

"拼多多"(标识见图 3-24)是一款以拼团购物为核心的
电子商务应用,在 2015 年推出,鼓励用户以拉人团购的形
式进行消费,进而降低购买价格,享受到团购带来的实惠。
用户可以向朋友、家人等发起拼团活动,用更低的价格买到
平台提供的更好的商品。这种新颖的购物方式,培养了用
户沟通分享的社交理念,使平台迅速走红。

图 3-24　"拼多多"标识

拼多多的发展背景可以总结如下:

(1) 互联网的发展、电商平台的兴起、微信的兴起。
2012—2016 年,我国网络购物用户人数从 2.42 亿人增长至 4.67 亿人,增长近一
倍。电子商务交易额从 8.1 万亿元增长至 26.1 万亿元,年均增长 34%。其中,网
络零售交易额从 1.31 万亿元增长至 5.16 万亿元,年均增长 40%,对社会消费品零
售总额增加值的贡献率从 17% 增长至 30%。电子商务发展直接和间接带动的就
业人数从 1500 万人增长至 3700 万人。

(2) 以微商为代表的一些商人,他们的事业正处于下滑阶段,正在寻找新的
机会。

(3) 不追求品质的需要可用和价廉商品的长尾用户市场的成熟。随着互联网
的发展,这类用户数量增多,需要有平台花大量精力来吸纳这些用户。

拼多多平台解决的问题:

(1) 对消费者: 做到更低的价格,并且在一定程度上存在质量保障赔偿。用户
可以自己开团拼单或者是参加别人的团购拼单。拼多多让用户以更低的价格买到
商品。

(2) 对商家: 门槛低,是微商的救命稻草。

3.12.2　产品与服务

1. 产品介绍

拼多多是一家专注于 C2B(Consumer to Business,消费者面向商家)拼团的第
三方社交电商平台。拼多多的用户群体可以分成 3 类,分别是商家、主动用户和被
动用户,对三者特性分析如下:

(1) 商家: 消费流量和更加精准的用户是商家重点关注的内容,而拼多多通过
团拼消费的方式可以形成更多的流量和精准活跃的用户群体,商品更高的性价比
和分享团购的消费体验可以形成更高的用户黏性,从而进一步提高了用户复购率。

(2) 主动用户: 希望以最低价格买到自己所需的商品。由于该类用户希望以

便宜的价格买到所需要的物品,因而愿意拼团分享。

（3）被动用户：不知道买什么,寻找需要付出大量时间。这类用户喜欢偶尔在朋友群里打开链接,物美价廉,还不用花时间去挑,既方便,又省时,还得到实惠,最终导致参团成功。

"拼多多"结构框架如图 3-25 所示。其特色功能介绍如下。

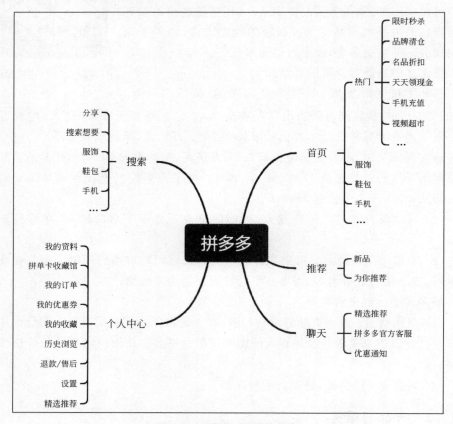

图 3-25 "拼多多"结构框架

（1）百亿补贴。通过切切实实的让利,让用户买到放心的正品好货。尤其是百亿补贴中的一些数码产品,如苹果手机、iPad 平板电脑等相较市场价都有较大的优惠,且由于有平台的正品保证,很多用户购买了之后大赞,通过口碑传播也能再刺激一波购买。

（2）拼单返现。在拼多多进行拼单会获得一定的返现金额,积累到一定返现金额就可以兑换无门槛的现金券奖励。而且通过进度条会及时对用户的拼单进度进行反馈,也是利用了一些"游戏化"的方式,让用户为了现金券的奖励而不断地下单。而且,同样地,用户受沉没成本和损失厌恶的影响,一旦开始就不愿意停下来。

(3)省钱月卡。拼多多省钱月卡的开卡成本极低,一般用卡购物两三次就可以省回卡费,因此用户一般都愿意购买这个卡。但一旦买了就会想着如何多买一点尽快把卡费赚回来。而且省钱月卡还分两个版本,一个是尝鲜月卡,一个是正常版的省钱月卡。尝鲜月卡的购买成本更低,但是优惠券的额度也低。

(4)现金签到。用户可以通过"现金签到"功能积累签到记录领取现金,每晚 9 点会提示用户进入"签到领现金"模块进行签到。签到模块中还包含许多活动,例如定时抢/领红包、逛街领红包、限时夺宝以及免费发红包等活动。闲暇时间比较少的用户可以做定时领红包活动,而时间比较多的用户可以同时做多项活动。这样的多种签到活动可以满足不同用户群体的需求,从而提高用户黏性。

(5)限时优惠。在用户登录 App 的时候,界面会弹出限时红包,点开可以领取优惠券。领取之后会显示优惠券的有限时间,并以倒数秒的方式提高用户消费的紧迫感,同时提供对应优惠券可以使用的商品界面,促使用户提高消费概率,因为很多用户看到有优惠可以享受,容易冲动消费。

(6)个性推荐。区别于其他的平台,拼多多是需要点击搜索功能之后才可以搜索,通过这种方式,平台希望达到与用户在线下逛街一般的消费模式。而在商品展示界面,拼多多根据用户的使用行为,如收藏记录、下单记录和商品浏览记录等分析用户行为喜好,通过人工智能算法进行精准商品推送,向用户推送感兴趣的内容,从而提高用户的购物率。

2. 产品特点

拼多多产品有以下几个特点:

(1)"裂变式"营销。拼多多通过分享式拉团购物的消费方式,让用户在微信或者朋友圈中转发购物链接,通过好友点击链接助力,从而提高商品的浏览量。另外,还有一系列方式,例如限定人数拼团成功时团长可以获得免费购买资格、砍价次数达到一定次数之后可以免费采购等,也都是为了充分利用用户分享的能力,提高曝光度。拼多多抓住了微信兴起后"社交裂变"这种极限的传播方式的机会,过去很难让一个物品在一天之内传到几万甚至上千万人,微信却做到了,而拼多多又把它做到了极致。

(2)利用产品的廉价吸引客户参与拼单。拼多多对于少数用户来说是消费降级,而对于大多数用户来说却是消费升级。淘宝、京东能够满足一二线城市中用户,却忽视了三四线城镇、农村这种地方的用户,他们在当地可能用着没有品牌的商品,更买不到正品的东西,而拼多多恰好满足了这类用户的需求,是一个非常庞大的需求。

(3)完成了供应链改造,做到工厂到消费者的点对点直达。过去,用户买商品,这些商品从工厂到用户手上中间会有很多环节,每个环节都有成本,商家也需要赚钱。而拼多多省去大部分的中间环节,以超低的商品价格来举办各种活动吸引用户分享帮砍、下单购买,形成增强回路,进一步扩大传播。

3.12.3 盈利模式

拼多多的盈利模式有以下几点:

(1)广告收益和商家抽成。拼多多和品牌商合作,利用分销传播的曝光度赚取品牌宣传费;此外,还利用用户拼团购物享受优惠制度,鼓励用户在自己的交际圈大量转发购物链接,从而大大提高产品和商家的曝光度;此外,助力的好友需要完成平台注册才可以助力到位,通过这种方式也提高了平台的注册率,从而获取大量用户。

(2)投资收益。当用户通过拼团等平台模式支付商品费用之后,拼多多可以拿这部分钱去做投资,从而赚取收益。就像淘宝双十一活动,从用户付款到商家到账最起码要两天以上的时间,这两天,这笔钱一直在支付宝的账号上,此时支付宝就可以拿这部分钱去进行投资。

3.12.4 市场分析

拼多多打着"拼着买,更便宜"的口号吸引了大部分对价格敏感的客户。而在同类产品中,争夺购物用户比例变得尤为重要。数据显示,拼多多超过80%的用户与淘宝用户重叠,超过50%的用户与京东重叠,相比之下,多数用户会更加愿意使用拼多多满足低价采购的需求,这也使得这些早期的电商巨头客户不断地流向拼多多平台。从侧面可以看出,当前大部分用户对于价格低、质量不差的商品更加青睐,这是拼多多相比竞争对手的非常重要的一大商业优势。

接下来,通过SWOT模型对产品做如下分析。

1. 产品优势(Strengths)

(1)国家政策的支持。

(2)在电商供应链基础已建设完备时进入市场。

(3)采用M2C(Manufacturer to Consumer,生产厂家对消费者)模式缩短供应链,降低交易成本,使得商品价格低廉。

(4)拼多多有腾讯战略投资的背书,独创拼团购物模式,开辟了一条属于自己的市场道路。近年来,随着社交电商的兴起,拼多多以社交圈为消费推广的优势逐渐显示出来。

(5)优秀的营销活动,形成"拉新—激活—获取收益—自传播"的闭环。

2．产品劣势（Weaknesses）

（1）拼多多目前存在的最大问题是商品劣质和虚假销售，由于其采用低价销售的营销策略，使得商品的利润空间被大幅度压缩，同时不得不降低商家的准入门槛，从而使商品的质量难以保证，这也让一直使用它的用户产生信任危机。

（2）拼多多商家入驻门槛低，大多缺乏核心竞争力。除此之外，与之相关的服务业，比如快递行业等的服务直接影响商家的发展。

3．产品机遇（Opportunities）

（1）对于拼多多而言，社交电商的发展，以及其依靠腾讯背书以朋友圈为推广方式的拼团购物模式永远不会过时，拼多多的市场远远还未打开。

（2）除了拼团的购物模式，农村电商的发展对拼多多电商平台的商家来说是新一轮的机遇。这也是为什么越来越多的人选择入驻拼多多，甚至形成规模店铺的原因。

4．产品威胁（Threats）

（1）群众信任度不高。无论是平台创业者还是消费者，直到今天，依旧对电商行业持警戒的态度。

（2）商品价格下降。由于平台各个店铺的价格都是公开透明的，这就导致部分商家通过降价提升销量，形成恶性竞争，长此以往，不利于商家的长期发展。

3.12.5　发展前景

基于上述分析，对拼多多的未来发展给出以下几点建议。

1．加强平台监管力度

拼多多在快速积累用户之后，需要考虑的是进一步提高商品质量，对商品上架过程进行严格管理，完善商家质量评审的相关机制和惩罚措施。此外，可以引入高质量品牌商家，从而吸引高端消费用户。而在商家管理上，也需要进行实时审查，淘汰问题商家。

2．增强责任感，承担企业应有的社会责任

主动打假，参与打假，对于电商平台尤为重要，这是关乎电商存亡的关键，也是表现社会责任的一种形式。让用户对一个电商平台产生信任，有赖于产品的质量，有赖于电商平台对自身存在问题的切实改正，更有赖于电商承担应有的社会责任。电商应当积极勇敢地承担责任，让消费者看到平台的诚意，让社会感觉这是一个有社会责任感的企业。紧随社会的主流正能量政策，对平台的发展也是百利无一害的。

3．完善对客服人员的培训

随着电子商务的发展，客服的需求量也越来越大，因此拼多多应加强对客服人员的培训,使其熟练掌握工作技巧,并适当完善售后客服人员的评价奖惩机制。对于重复烦琐的问题,可构建一个智能客服,针对某些确切回答的问题,可由智能客服进行解答,减少客服人员的工作量。只有给用户带来满意的售后服务,才会提高用户在这个平台的复购率和企业的声誉。

4. 围绕拼团做深入服务

在通过拼团扩大用户规模后,如何围绕拼团做深入服务是需要考虑的,可以将服务往更加优质,甚至个性化方向发展。一方面,为了提高老用户的产品使用率,可以利用减小拼团难度,同时发放优惠券等方式,形成分层运营的模式;另一方面,可以根据用户使用行为对用户进行划分,更加精准定位消费领域,做高质量商品推荐,还可以针对高端用户推行定制化服务,更加贴合用户的需求。

5. 实体店的尝试

可以尝试构建线下实体店,采取线下、线上结合的方式。线下实体店提高用户对商品的信赖度,进而为线上消费进行引流,同时还可以降低商品的生产成本。可以推出货物自提功能,用户消费之后可以在线下可见可触摸的条件下提取货物,提货量提高的同时可以减低库存压力。例如当前的社区拼团消费模式,提高了消费需求,带货人会为了提高盈利进行囤货,可以使生产商的库存压力大大减小。还可以做出"货物自提"功能的上一级功能,例如货物推荐、个人广告,还可以协商商家和个人推广进行利益绑定,发挥个人的带货能力。

3.13 "闲鱼"案例分析①

本节从背景介绍、产品与服务、盈利模式、市场分析以及发展前景5方面对"闲鱼"平台进行案例分析。

3.13.1 背景介绍

"闲鱼"(标识见图3-26)是阿里巴巴推出的一款闲置物品交易平台,意思取自同音词"闲余"一词,其中"闲"指闲置的时间,"余"则指闲置的物品或者空间。闲鱼除了交易二手物品之外,还是一个用户交流社区,用户可以在平台上分享物品,也

---

① 本案例由林凯、郑国伟、曾楷翔、公孙骏杰、杜泽钰(来自福州大学2015级与2016级软件工程专业)提供。

可以分享自己的技能和经验,甚至闲置的空间等,将"闲余"充分利用起来,让浪费变消费。闲鱼用户使用门槛低,只需要凭借淘宝或者支付宝账号进行登录,不需要办理开店手续就可以在平台上转卖自己的二手物品,可以同通过一键转卖淘宝已买物品、拍照上传二手物品等方式进行线上交易。闲鱼可以为卖家提供 3 大优势:物流更加高效、价格更加具有优势以及更大程度的曝光量,使得卖家的闲置物品可以充分地在买家手中实现价值。此外,闲鱼后端与支付宝信用体系互相绑定,可以进一步保证闲鱼交易的安全程度。

图 3-26　"闲鱼"标识

闲鱼的产生背景可以总结为以下几方面。

1. 互联网背景

随着互联网技术的不断进步,人们已经从 PC 时代向移动时代发展,移动端产品已经走进了人们的生活。对于当前海量数据,人们不再只是关注数据流量,而是更加关注数字背后的意义。如何和用户更好地连接,通过网络新途径沉淀用户,成为众多企业考虑的重要问题。移动时代,人们更习惯碎片化和便捷化的娱乐方式,例如上下班路上、上下课路上,甚至在等地铁和公交的间隙,拿出手机看新闻、玩游戏、浏览物品等。所以,在移动时代,想要抓住用户的注意力,就必须要了解用户碎片化和便捷化的阅读习惯。移动端已经成为用户获取信息的主流方式。

2. 用户需求背景

在移动时代中,人们不断地提出"共享经济""资源节约型社会"等概念,旨在有效地利用社会资源和个人资源,提高资源价值。而对于普通民众来说,随着个人经济条件以及购买力的提升,人们购买新商品后越来越多的旧商品积压需要处理;特别是在互联网电商的各种营销刺激下,消费者非常容易形成"冲动消费",因而产生了大量的闲置、二手物品。如何让二手商品发挥出剩余价值,如何快速、便捷、安全地处理二手商品成了买家的痛点。而如何能够获取物美价廉的二手物品也让缺少渠道的购买者头痛。人们可以在二手市场将自己闲置的物品提供给有需要的买家,实现闲置物品的重新变现;而买家也可以在这里以更加实惠的价格买到自己所需的物品,甚至是市面上已经断货的物品。但是传统的二手市场已经远远不能满足庞大的消费群体,消费者急需完善的二手交易平台。

3. 物流、电商平台背景

近些年电商快速发展,物流行业也紧随其后,出现了顺丰、中通和圆通等快递公司,解决了商品运输的困难。而快速崛起的电商平台以及其他企业同样看到了二手市场的价值,纷纷瓜分线上二手交易市场。

二手交易市场经历了 3 个阶段：传统线下二手交易市场、PC 端二手交易系统和移动端二手交易 App。

大量的二手交易平台应运而生，这是一种充分利用当前先进移动技术，为人们提供更加便捷、精准的二手交易的新方式。二手交易平台一方面可以满足用户越来越高的消费需求，另一方面也可以充分利用资源，避免资源浪费，进而促进可利用资源的循环使用，贴近当前可持续发展的时代主题。买家、卖家之间的二手交易本身就是一次资源再利用，可以说也是人们参与环保的一种方式。

3.13.2 产品与服务

1. 产品介绍

"让你的闲置游起来"是闲鱼的宣传标语，这体现了闲鱼旨在为人们提供闲置物品交易平台的市场定位。从更高角度上来说，闲鱼体现一种环保的生活态度，用户可以充分利用社会中的闲置资源，实现资源的可持续发展。同时，闲鱼可以进一步为交易提供线上担保，还和第三方服务机构进行合作，充分保证用户的正常交易，做到闲置交易市场的规范化管控，为用户提供更加周到的服务。与此同时，闲鱼是一个以闲置物品交易为基础的社区交流平台——通过"鱼塘"这一社区交流功能模块，不同用户可以根据自身地理位置和兴趣爱好聚集在一起，促进用户交流的同时，也为用户闲置物品交易提供了便利。在实现上述两项市场定位的基础上，闲鱼还是专业的租房、回收和租赁服务机构。闲鱼目前已经推出了闲鱼租房的服务，用户可以在闲鱼上租赁或出租房屋。闲鱼还接入了多家回收、租赁品牌商，其中包括回收宝、估吗、衣二三、爱回收等，为闲鱼用户提供专业的家电、玩具、服装、手机等全品类回收租赁服务。

闲鱼面向的用户偏年轻化，这是因为年轻人思想活跃，对于二手商品不再有"旧货"的观念，愿意追求性价比高的二手商品。30～40 岁这一年龄段的人对于共享经济观念接收度较高，对于有些昂贵但又心仪的物品更愿意"以租代买"。其中女性用户占主体，约为男性用户的 3.2 倍，差距较大。女性天生喜欢购物，闲鱼上的二手商品品类多，可以用较少的成本买到心仪的商品，更有免费送或者租赁这些成本更低的功能，对于女性来说是很有诱惑力的。从年龄上看，闲鱼的用户年龄基本在 40 岁以下的年轻群体，其中 20～30 岁的用户占比达 46.1%，并且八成用户具有中高消费能力。由此可见，闲鱼主要服务对象是逐渐成为消费主力的新一代人群，这也体现出新消费人群更加理性、注重实用和爱护环境、乐于分享的观念。

"闲鱼"结构框架如图 3-27 所示。其主要功能介绍如下。

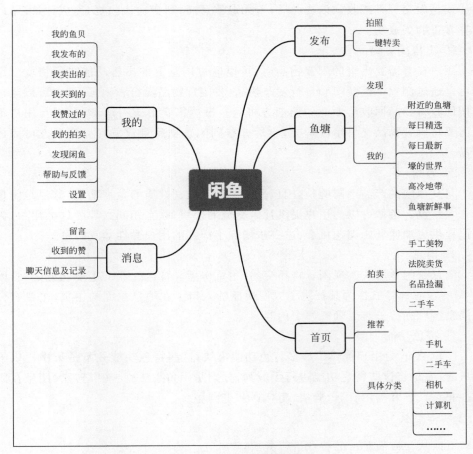

图 3-27　"闲鱼"结构框架

1）闲置物品交易

闲置物品交易功能模块是闲鱼提供的最为基础的模块，也是用户使用时长最久的模块。这一模块主要提供了闲置物品的购买和出售两个子模块，考虑到交易过程中退款也是重要的环节，所以也附带介绍退款功能。购买闲置物品主要提供了搜索、实体物品购买以及虚拟物品购买；出售闲置物品主要提供了淘宝一键转卖、信用回收、发布闲置物品和出售闲置物品等功能；而退款主要有退货退款和直接退款两种方式。

① 购买闲置物品。

用户在确定自己想要在闲鱼购买的物品后，首先在闲鱼首页上端的搜索栏进行关键词搜索，随后在弹出的物品列表中选择看中的物品，点击进入物品页面查看相关图文描述后，可以选择与出售者交谈物品细节，随后下单购买物品。当用户以快递或是面交等方式收到该物品后,若无退款意向,则会确认收货,完成评价,至此才算真正购买成功。

② 出售闲置物品。

用户在有需要出售的闲置物品时,可以通过闲鱼上的出售功能进行售卖。用户可以通过淘宝一键转卖和自行发布物品,将闲置物品卖给私人买家,也可以通过信用回收将物品回收给专业的第三方机构。虽然售卖形式有所不同,但是用户都是需要将闲置物品交付给收货方,收货方拿到闲置物品且双方均满意后方可完成交易。

2)鱼塘

与其他同类产品不同的是,闲鱼推出了具有社交性质的鱼塘功能,这也是闲鱼的一大特色。鱼塘可以为用户提供社区交流的模块,联系相同兴趣爱好的用户,为他们提供更加便利的淘购机会,进一步增加了产品的用户黏性和复购率。

3)消息

消息是闲鱼用户实现闲置物品交易、租赁房屋和社区交流的重要功能之一,闲鱼 App 在底部导航栏为其提供了方便快捷的入口。在消息页面的主页,主要有分类消息区域和历史聊天列表两个内容。

4)特色功能

闲鱼 App 为用户提供了许多特色功能模块,这些特色功能并不是集中提供给用户的,而是将这些特色功能进行了分列,分别是闲鱼小法庭、淘宝转卖、明星在闲鱼、闲鱼币、芝麻信用、闲鱼验机、免费送和逛同城。

2. 产品特点

下面从 3 方面对产品特点进行分析:

1)资源方面

闲鱼背靠阿里巴巴,拥有充足的资源拓展业务边界,具有很大的行业优势。因此,在用户引流方面,淘宝巨大的精准用户可以为平台进行引流;此外,"淘宝一键转卖"可以为闲鱼带来海量的 SKU(Stock Keeping Unit,库存量单位)。

2)社区方面

闲鱼利用鱼塘细分流量,减少用户寻找目标商品的时间,占领长尾市场;同时,通过打造交易场景的方式提高交易效率,进而提高用户间的信任度。鱼塘具有强大的社交性质,凭借条件可以将用户划分为 3 类:基于地理位置进行联系、基于用户兴趣爱好进行联系以及基于高校进行联系。鱼塘做到了线上线下的结合,在用户完成线上交易时,基于鱼塘用户的划分性质在线下也形成了一种联系。此外,明星、达人还可以带动平台内容的提升,结合直播在鱼塘构建社区生态,进一步提高用户黏性。

3）业务拓展方面

相比于竞品,闲鱼对拓展的业务有着更好的优化,能够满足各类用户的需求。

3.13.3 盈利模式

闲鱼利用与淘宝的联系,将用户在淘宝上买的不合意的物品或者是其他的服务放置在闲鱼中售卖,而闲鱼中的店铺申请并不是很难,可以用支付宝账号或者淘宝账号去申请。其实在这个平台中,阿里巴巴用它的资金流动做投资获利,而对于消费者来说并没有害处,反而让他们能够用较低的价格买到自己想要的东西。

（1）小资金变大资金。在闲鱼网站上售卖东西,用户交易的商品金额会在支付宝中存留一段时间,而在资金存留的这段时间里,支付宝会用这笔资金获取利息,虽然对用户来说这笔资金很小,但是对整个平台来说,所有的小资金汇总变成了大资金,能够获取的利润也很多,所以在用户眼中的小数目资金,都能够被平台利用得很好,这也是它为什么能够存续下去的原因。

（2）小流量变大数据。平台可以用这些客户流量数据来获得客源,这就是所谓的卖数据,也就是说,用户离不开阿里巴巴的支付宝和淘宝这两个平台。所以这对于闲鱼来说都是隐形的利润。

站在阿里巴巴的角度来说,闲鱼目前是一个完善消费者信息和其信誉度的一个新渠道,但就其盈利来说,并没有淘宝、天猫那样丰厚,但也是有不少的盈利的。所以能够看到不论是二手交易平台还是其他电商平台,盈利都是很可观的。

3.13.4 市场分析

此外,通过 SWOT 模型对产品做如下分析。

1. 产品优势（Strengths）

（1）闲鱼背靠阿里巴巴,有着得天独厚的引流平台,如淘宝、支付宝等,在拓展用户方面比其他同类产品更容易,这使闲鱼自上线以来就快速获得了大量的用户。

（2）闲鱼可以提供更加全面的二手交易服务,交易内容并不单一,涉及二手手机、二手车、生活用品和服饰等,是一个综合型的二手交易平台,产品多样,更能满足用户需求。

（3）阿里巴巴作为电商界的巨头,对于市场拓展和产品设计更有经验,对于新产品的研发推广具有强大的优势。

（4）闲鱼的鱼塘功能为用户提供了一个具备社交性质的交易平台,可以进一步提高用户黏性和日常活跃度,同时通过社交了解产品也有助于提高用户交易率。

（5）闲鱼引进了多种验货方式,包括芝麻信用以及专业的第三方验证机构,保证了用户交易的可信度,进而提高了用户对二手商品的信任度。

2. 产品劣势(Weaknesses)

(1) 闲鱼对于下沉用户市场的渗透率不足。闲鱼从最开始创立起就对于一二线城市用户的渗透率极高,且一二线城市用户对于闲置交易的意识比三四线城市用户更强,使闲鱼在发展过程中很多功能设计都偏向于一二线城市用户,最终导致下沉用户市场不活跃。

(2) 闲鱼虽然引入了芝麻信用和第三方验货方式,但是由于巨大的用户体量,目前仍然会出现产品欺诈的情况,对于用户来说还是有一定的担忧的。

(3) 闲鱼的服务模式仍然有一部分可以完善改进,例如当面交易物品的方式,比起在线上有验货机制保障的交易,线下交易的物品质量和安全性难以保障。

3. 产品机遇(Opportunities)

(1) 闲鱼的定位是帮助用户充分利用闲置物品,重复利用闲置资源,这在一定程度上是符合环保生活方式的,符合国家可持续发展战略的,所以未来闲鱼是十分有发展前景的。

(2) 我国的下沉用户市场规模巨大,存在巨大潜力,若能增强下沉用户的闲置交易理念,大力发展下沉用户市场,闲鱼的发展一定能达到新的里程碑。

(3) 根据中国青年报社会调查中心的研究报告,二手交易市场还有非常大可以挖掘的空间,闲鱼作为国内顶级的二手交易平台,发展势头还是很好的。

4. 产品威胁(Threats)

(1) 同类产品的竞争仍然不能小觑,其他二手平台例如拍拍二手、爱回收以及回收宝等也在快速发展,二手市场平台的竞争依然激烈。

(2) 闲鱼目前的主要服务内容还是集中在生活用品和数码产品上,对于古玩和大型电器这类物品,由于商品价值高、安全性难以得到保证,更多采用线下二手店的方式进行交易,闲鱼的市场还不能完全打开。

3.13.5 发展前景

随着我国经济和移动电商的高速发展,闲置物品越来越多,闲鱼的出现给了人们更多的消费选择。在二手电商行业的上半场,闲鱼主打 C2C 模式的交易形式,加上"社区＋电商"的运营模式,吸引了一大批粉丝。没有复杂的开店流程、买卖双方直接对接,以及垂直领域共同发展是闲鱼能领跑二手电商行业的重要因素。如今,共享经济、绿色消费的理念影响着越来越多的年轻人,追求性价比和闲置物品买卖成为年轻人新的消费方式,闲鱼作为二手电商的领头羊,未来可期。

数据显示,相比于同类产品,闲鱼拥有的下沉用户可以说是名列前茅的,但是若想发展成为类似于淘宝、支付宝这样的产品,闲鱼下沉用户的数量仍然不达标。由于闲鱼前期的发展基本上是靠淘宝、支付宝进行引流,虽然获得了一定的用户量,但是仍需要不断努力,提高自身的产品实力,打造产品知名度,提升服务价值,拓展更多的用户需求场景,从而提高用户黏性和活跃度,真正实现阿里巴巴计划的成为"冉冉升起的巨星"的目标。

3.14　"美团"案例分析[①]

本节从背景介绍、产品与服务、盈利模式、市场分析以及发展前景 5 方面对"美团"进行案例分析。

3.14.1　背景介绍

"美团"(标识见图 3-28)是一个生活服务电子商务平台,其宣传标语是"帮大家吃得更好,生活更好"。美团公司旗下拥有多款产品,包括大众点评、美团外卖等,都受到消费者的青睐,服务的内容涉及 200 多个品类,包含餐饮、外卖、生鲜零售、电影、休闲娱乐、打车、共享单车、酒店旅游等,业务覆盖面广,涵盖了全国 2800 多个县区市。

图 3-28　"美团"标识

美团的产生背景有以下两点:

(1)用户消费需求越来越高。在质量和价格上,市场上的商品或服务正常来说质量和价格呈正相关,质量越好,价格越高,这种情况下,很难满足用户体验物美价廉采购的需求。而在便利程度上,传统的购物方式也推出许多折扣活动,但是人们难以得到消息容易错过,另外,在一些高端消费场所消费需要提前预约,而用户又难以有渠道,这就导致了在消费便捷性上用户体验较差。

(2)团购市场渐渐成形。所谓团购,就是消费者与好友甚至陌生人以拼团的形式进行消费,向商家谋求优惠价格的购物方式。对于商家来说,团购的方式能给他们带来大量的客单量,商家通过薄利多销,推出相比于单独购买更低的团购价格优惠,在提高业绩的同时也能够吸引消费者;对于消费者来说,可以获得以更加实惠的价格购买到自己所需的商品或者服务,团购的成本也并不高,无疑是十分吸引

---

① 本案例由王怀志、王钦波(来自福州大学 2016 级软件工程专业)提供。

人的。此外,团购的消费模式也可以节省商家的营销推广成本,并帮助商家及时更新库存、加速商品周转周期。

3.14.2　产品与服务

1. 产品介绍

美团的产品定位是为消费者提供一个可以供线下消费参考的线上信息分享平台。人们经常希望在更加物美价廉、体验良好的场所进行消费,然而由于过去很难有可以参考的相关信息供用户评估该店是否满足自己的消费需求和消费水平,人们一般只能通过亲朋好友的推荐或者商家发放的传单了解消费场所。但是有了这样一个信息平台,用户就可以随时随地了解身边消费场所的评价情况,降低了消费过程中"踩雷"的可能性,在商业模式上是满足用户需求的。对于消费者来说,他们更加愿意体验新店以及享受优惠折扣,团购优惠价对于他们来说是十分具有吸引力的;而对于商家来说,希望宣传自己的店铺,获得大量客流量,因此美团成为用户二次消费的选择。

"美团"结构框架如图 3-29 所示,其主要功能有以下几方面。

1) 美食/休闲娱乐

用户使用美团可以获得线上选店消费、线下享受的服务。以线上平台选店享受折扣的优越服务取代了传统的逛街选店费时费力的做法。随着移动端的发展,O2O(线上到线下)模式在这个领域内已经深入人心。

2) 猫眼电影

进入美团电影功能页,各种信息齐全,消费者在线上能非常轻松地挑选自己要观看的电影并选定座位,之后去线下取票观看享受服务即可。电影票务产品标准化程度较高,已实现生活服务 O2O。在线选座购票模式上高于团购,已实现场景化消费,美团猫眼电影已开发移动应用,场景化应用是未来电影票务实现生活服务 O2O 的主要趋势。目前,美团猫眼电影支持在线选座购票,一二线城市影院覆盖度较高。

3) 酒店住宿

进入美团酒店住宿功能页,只要给出希望前往的地点和预计住宿时间,就能便捷地预定便宜的酒店房间。由于自助游的兴起,美团所提供的服务深受消费者的喜爱。

4) 美团外卖

美团外卖依托于美团巨大的用户规模和资源,打造 O2O 餐饮服务,深入挖掘餐饮行业的用户需求。线上外卖平台的核心竞争力主要是多样化的选择范围和快速的物流送餐能力,从而为用户提供了线上、线下优质的服务体验。美团外卖现在

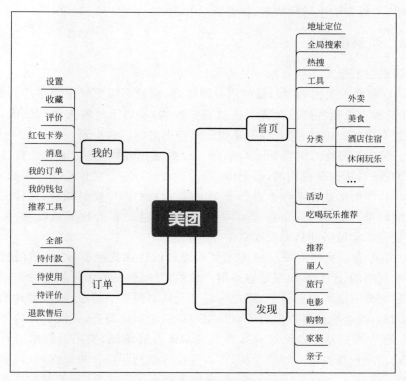

图 3-29 "美团"结构框架

已经发展成为国内外卖市场中的领头产品,对于整个 O2O,可以进一步扩大用户入口和用户黏性。

2. 产品特点

美团从团购的角度打入市场,此后以团购为根基拓展其他业务,在各种服务中全面推广。对于用户来说,可以在平台上获得团购的优惠价格,以更加实惠的支出获得相应服务,大大满足了自己的需求;而对于商家来说,本身要做推广宣传需要大量的成本,宣传效果也不能得到保障,但是依托线上服务平台,面向大量的线上用户,利用互联网病毒级的传播速度,可以快速有效地在大范围区域进行推广,从而做到以较低的成本获取最大的收益,而通过团购消费的方式,薄利多销可以快速提高自身的营业额和知名度,也让用户得到更好的服务体验。综合来说,美团同时满足了用户希望得到物美价廉的服务需求和商家希望快速推广提高业绩的需求。

美团的竞争策略为:有节制地用钱,保证健康的财务并稳步推进。美团做线上推广,在门户网站打广告,买百度搜索词条,组建线下地推团队进行少量精准推广。对大量实物团购投入少,不急于建立大仓库,将大型家用电器等实物团购市场让给对手,主抓本地生活化团购,做好售后和服务。

3.14.3　盈利模式

美团的盈利模式主要有如下几方面:

(1)广告费。美团拥有海量的用户群体,高流量可以更好地满足广告的推广。此外,在美团上投放的广告跟线下店铺直接挂钩,相当于将客人请到店内,对于产品和服务有更好的体验,这对商家来说是十分理想的广告渠道。

(2)佣金。国外的同类型团购平台一般是通过赚取差价,也就是自己进货自己销售的模式,从而获得利润,而美团与他们不同的是,它更像是一个组织者,以与商家进行合作的形式在平台上进行推介,再在过程中收取交易佣金,这样的方式无疑会更加轻松。美团的佣金模式有两种:一种是通过百分比抽成收费,另一种是通过协议帮商家做活动从而收取费用。

(3)服务费。美团向用户提供大量的商家信息和优惠服务,虽然当前会员是没有收取费用的,但是在积累足够的用户量后,发展会员等级机制是一个很好的选择。通过划分不同等级的会员,用户可以享受到不同水平的服务,所得到的信息量也是不同的,甚至平台可以为高端会员用户提供定制化服务,提供更大的优惠。

(4)转介费。基于高流量和多会员的未来发展情况,美团可以推出转介费的收费模式。用户在点击店铺信息后,可以直接转跳到所属公司页面,从而收获更加全面的服务信息;而对于商家来说,也进一步提高了曝光度,甚至可以获得许多的潜在客户,以这种方式,平台向商家收取转介费,这是未来美团可以尝试的一种新模式。

3.14.4　市场分析

各行业都存在不同的竞争对手,美团也不例外。美团的竞争对手主要是同样做团购服务的同类产品,例如糯米网、拉手网以及58团购网等。和美团相比,这些产品虽然商业模式比较类似,但是在推广和操作上各自有着不同的效果。目前,美团虽然已经做到了该领域的领头产品,但是竞争对手的发展仍然不容小觑,因为团购市场依然充满挑战。

接下来,通过SWOT模型对产品做如下分析。

1. 产品优势(Strengths)

1)品牌知名度高

在当前"百团大战"的局势中,美团以国内较早开展团购的网站优势,已经获得了百万级的用户量并且用户数每年都在快速增长。此外,美团的老总王兴曾创建过人人网和饭否网等热门网站,在其带领下,美团得到了用户的认可和好评。目前,美团占据近 20％的团购市场份额,在团购市场已经成为龙头平台。

2)技术力量强

美团的技术团队能力出众,曾参与打造多款热门网站,开发经验丰富并且掌握了先进的行业技术,保障了美团项目的前台系统稳定服务和后台系统的高效运行,为用户提供了流畅优质的团购体验。此外,实时数据管控系统可以分析用户的行为数据,从而进一步为用户完善服务体系。

3)运维经验丰富,立足本地经营优势

美团有着强大的商务洽谈团队,经过长时间的实践积累,有着丰富的商业合作谈判经验;美团现已在全国众多城市设立分站,且在各地保持领先地位,对本地消费者有着深入的了解,不同城市的本地团队积累了大量的本土运维经验,并且通过一天一团的形式,培养用户的团购习惯,以期拥有更多的顾客。

4)物流掌控

美团推出了线上团购,线下消费的模式,颠覆了传统的电商物流规则。传统的物流方式是用户在线上购买商品或者服务之后,物流花费主要由买家提供,送货上门。而美团的物流模式新颖独创,用户在线上购买之后会获得对应服务的序列码,消费时,在线下向商家出示消费码即可获得服务,这在很大程度上节省了物流时间和费用,让用户得到更便捷的消费体验。

5)以服务类产品为主

在美团上团购最多的是温泉、足疗、瑜伽的服务券,实物商品为少数。因为服务类产品在一定的数量销售之后,新增的数量几乎是无成本的,更容易形成低价团购。在业务上满足客户的需要,同时也可以从中获得较大的利润,是佣金收入非常可观的一部分。

2. 产品劣势(Weaknesses)

1)宣传的渠道相对狭窄

相比于同类产品糯米网,美团的渠道方式就显得比较少。糯米网是依托于千橡公司的产品,背靠人人网和猫扑等平台的产品资源,宣传渠道还通过搭建社交网络渠道进行推广,在推广方面有着很大的优势。这对美团来说也是一大威胁。

2)融资的渠道相对较窄

虽然美团当前覆盖 2800 多个县区市,应用范围十分宽泛,但是大部分地域的服务还在不断投入成本。原来美团一直接受风险投资,但是风险投资对于新兴的团购市场仍然较为谨慎,这对美团来说就存在较大的危险,如果没有资金保证必然会影响市场拓展和产品研发。而同类竞品糯米网有千橡的资金投资,58 团购背靠58 同城,资金也有所保证,竞品的资金保证对于美团来说更是一大威胁。

3）经验大多师从 GROUPON

GROUPON 当属世界团购网站的老大,也开始进入中国市场与拉手网合作。在团购运营上面,美团必须吸取"老师"的经验,走出自己的一条特色之路,不然其发展可能就会因新的团购方式的出现而失去先机,最终被拉手网取代。

4）客户资金的管理并不完善,退货处理程序较麻烦

与拉手网相比,美团的退货手续相当麻烦。在美团上退货,必须通过申请,使得 7 天无条件退货的执行受到较大的阻碍,让消费者较难接受。

3. 产品机遇(Opportunities)

(1) 目前,国内团购市场规模巨大,网民对于团购表现得十分热衷。由于其采取薄利多销,拼团优惠的模式让消费者花更少的钱获得服务体验,得到了消费者的好评,团购市场份额在不断地逐年增长。此外,中国 14 多亿人口中,网民的比率不断提高,新的消费观念也在成形。而对于商家来说,巨大的市场机会带来可观的客流量,促进自身营业额的提高。美团的未来有着巨大的机会。

(2) 用户之间形成自传播效应,老用户拉带新用户。团购基于优惠的消费制度吸引了大量消费者,在得到较好体验后,消费者在社交网络或者日常生活中与好友、家人分享,提高了用户对商家的信任度,并进一步为平台拉入新人,使得平台用户数量快速增长。巨大流量的背后代表着可以实现的商业变现,这也是美团未来实现营收突破的一大优势。

(3) 移动网络的发展。手机网民数量快速增长,智能机、5G 和移动支付的广泛普及,强化手机支付能力的应用就是抢占市场,可有效地提高市场占有率。

(4) 投资机构对于中国团购市场这块"大蛋糕"充满兴趣。目前,团购风行,客户资金对于团购网站的基本维持是足够的。在拓宽市场方面,很多投资银行愿意给予团购网站投资,支持打造更强大的团购体系。作为信誉好、品质好和地位高的美团来说,获得投资银行的资金支持是比较容易的。

4. 产品威胁(Threats)

1）团购市场产品混乱

团购市场产品也存在信任危机。近几年,曝光了许多团购问题,例如产品质量不齐、货物出现缺失情况,甚至出现以团购名义集资逃逸的乱象,这损害了消费者的权益,引起了大家的警惕。

2）政策真空,管理不当

越来越多的团购网站进入运营,出现"百团大战"的疯狂局面,致使市场秩序混乱。市场在不断地被分割细化,对原有的团购网站产生较大冲击。

3）盈利模式普遍单一,对资金吸引力较小

目前,中国团购网站盈利大多靠佣金,拓展性不够强,导致一部分的外国投资

公司开始撤资。

3.14.5　发展前景

综合以上分析,对于美团未来的发展给出如下建议:

(1)创建先进的管理团队,进行产品创新。企业有效运营的关键是用有效的管理来吸引客户流量。在竞争时代,如果没有自己的特色产品,很难立足市场。在同质化严重的情况下,价格战并不是最优选择。

(2)发展潜在客户。大学生群体的消费水平较低,但是大学生的消费习惯容易形成,故应将大学生当作潜在用户培养。

(3)提高合作门槛,吸引消费。美团不仅要重视自身平台的更新及流程优化,也要挑选优质的企业开展合作,与更多的优质商家建立良好的合作关系,从而拓展客源之路。

(4)专注运营,创新盈利模式。美团在减少业务、加强专注化的同时,要进行盈利模式的创新,将轻重模式相结合,以用户为导向。

当前,平台与商家的合作模式也有待进一步完善。面对巨大的竞争压力,美团正在全力扩大推广,争取更多的商家和用户进而抢占市场份额。而其中与商家的合作模式影响了平台折扣这一核心功能。商家入驻美团需要支付平台使用费用,同时还需要向平台提供折扣优惠,此外美团还会从商家在平台上的收益中扣取部分利润,这大大打击了商家入驻的积极性。美团不仅需要继续坚持对消费用户的优惠力度,同时还必须考虑如何更好地和商家合作,获取商家认可,这样才能贯彻两条腿走路的战略。

3.15　"盒马鲜生"案例分析[①]

本节从背景介绍、产品与服务、盈利模式、市场分析以及发展前景 5 方面对"盒马鲜生"进行案例分析。

3.15.1　背景介绍

"盒马鲜生"(标识见图 3-30)是一个阿里巴巴公司服务于用户购物的新型零售

---

① 本案例由刘杰、蔡苗成(来自福州大学 2016 级软件工程专业)提供。

方式,开创了线上、线下消费渠道互相打通的新模式。盒马鲜生重构线下超市,即超市餐饮的集合。用户可以到线下实体店消费,也可以在 App 上消费。盒马鲜生的最大特点是,在用户线上采购之后,平台可以实现快速配送,30 分钟内即可送货上门。线下盒马鲜生市场一般开设在人群集中的居民区,用户还可以通过盒马鲜生 App 进行线上采购。

图 3-30 "盒马鲜生"标识

盒马鲜生的发展背景如下:

(1)虽然线上销售增长放缓,但消费体验不足。

(2)生鲜电商亏损严重,需要探索新模式。

(3)高频消费带动支付宝线下支付场景需要。

(4)基于互联网的新形态环境,零售业的形式正在发生改变。

(5)天猫超市的线下转换满足消费者在实体店中采购到天猫商品的需求。

(6)从生鲜参与角度切入消费者需求,与消费者进一步形成互动,满足消费者的生活所需。

总结阿里巴巴通过生鲜市场实现线下布局,分析原因如下:

(1)生鲜市场技术壁垒高,一般生鲜产品的保质期都比较短,但是运输过程又难以得到保证,这使得生鲜电商一直难以与消费者建立良好的联系。

(2)线上、线下消费模式结合。用户可以通过线下模式更加直观地对生鲜产品进行挑选,在线下模式取得用户的信任之后,用户自然会认可采用线上采购的方式。

3.15.2 产品与服务

1. 产品介绍

盒马鲜生结合了生鲜电商和外卖餐饮两种模式,提高用户的消费体验。在生鲜方面,主打来自世界各地近百个国家的生鲜产品,覆盖食材广泛,包括海鲜、肉制品、蔬菜水果等。而在外卖餐饮方面,盒马鲜生为用户推出主食早晚餐、小食甜品以及休闲零食等服务,满足用户对吃的多样化需求。

盒马鲜生的服务对象可以归纳为以下几类人群:

(1)上班族。盒马鲜生为上班族提供便利,在吃饭的过程中顺便就买了东西,实现了碎片化购买,同时可以增强用户线下的体验感,从而做到线下引流,补充线上。

(2)在家做饭的用户。这一部分人群对买菜做饭有着刚性需求,尤其对生鲜类产品需求量大,离家 3km 免费配送,30min 送达,既带来便利又可以保证生鲜的新鲜和品质。

（3）选择逛商场休闲的用户。这一部分人注重线下的体验感。传统超市通道狭窄,人群嘈杂拥挤。而此超市通道宽敞,可方便一家人同行,并且有配套的餐饮店可以小憩,一家人逛超市就像在逛一个购物中心,方便而舒适。

盒马鲜生集合了四大经验模式:生鲜超市、餐饮小食、线上电商以及线下外卖的方式,将线下用户可以直观体验商品的品质和线上用户可以快捷方便地选购商品进行结合。线下平台以福州店为例,经营面积超过了 $6100m^2$,店内上架的商品有 6000 多种,商品类型包括海鲜水产、水果蔬菜、肉禽蛋品、零食酒饮、粮油干货、乳品烘焙等。除此之外,还将主打一批特色本地化商品,包括约 30 种本地采购的日日鲜蔬菜、日日鲜鸡蛋、福鼎槟榔芋头等。此外,该门店还有一大特色,就是将引入新华都旗下海物会作为特色联营商,打造"盒马福州工坊",主打粤式茶点及福州拌面、八宝饭、佛跳墙等本地特色小吃。

线下盒马鲜生店可以划分为购物区、餐饮区和结算仓储区,结构框架如图 3-31 所示。

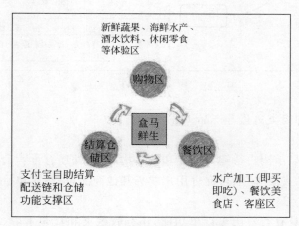

图 3-31　线下盒马鲜生结构框架

而线上盒马鲜生结构框架如图 3-32 所示。盒马鲜生以美食为中心,构建用户社群,形成了良好的购物氛围,用户可查看信息与好友交流之后再去选择购物,同时延长了用户的 App 使用时间。

1）首页

用户在首页区可以进行采购目标搜索,此外,首页展示了不同购物类别的入口以及各种福利活动。作为新用户,一重礼和二重礼刺激用户下单购买,教会用户使用;对用户而言,优惠的活动留给用户良好的印象,好的体验吸引用户再次体验。

2）分类

用户点击进入分类页面,在分类页可以看到所有类目的展示和入口,例如新鲜

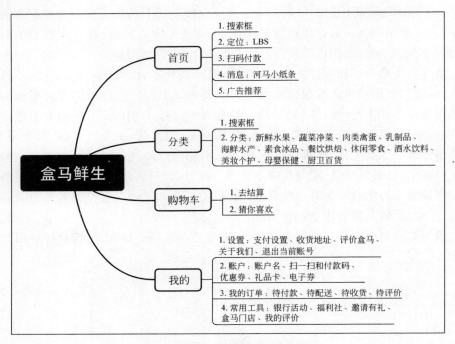

图 3-32　线上盒马鲜生结构框架

水果、蔬菜净菜和肉类禽蛋等产品。

3）购物车

购物车页面显示用户待购买内容和常买物品，此外还有推荐商品供用户选择。商品详情右上角"去凑单"项可促进用户购买其他商品，提高客单价。

4）我的

"我的"页面具有查看历史订单功能，还有收藏夹和红包卡券。此外还有盒马小镇功能，点击进入盒马小镇页面，用户可参与签到、收获盒花和兑换商品等活动。邀请有礼底部有满 30 减 20 优惠券活动，新用户自己下单购买，体验满意后，很可能会将 App 推荐给身边的朋友，形成良好的口碑效应。

2．产品特点

盒马鲜生最大的优势就是拥有自己完整的物流体系链，全流程贯穿商品的供应、存储以及配送。

盒马鲜生利用互联网技术和智能物联网技术，结合先进的相应设备，进一步匹配用户、商品和场地三者的最优关系，物流服务链如图 3-33 所示。但是这也导致盒马鲜生前期需要巨大的投入成本，根据相关数据显示，盒马鲜生的开店成本仅单家线下店面就需要千万级别资金的投入。

盒马鲜生的物流为什么这么快？盒马鲜生能做到 30 分钟的配送速度,在于算法驱动的核心能力。盒马鲜生的供应链、销售、物流履约链路是完全数字化的。从商品的到店、上架、拣货、打包到配送任务等,作业人员都是通过智能设备去识别和作业,简易高效,而且出错率极低。整个系统分为前台和后台,用户下单 10min 内分拣打包,20 分钟实现 3km 以内的配送,实现店仓一体,在保证产品新鲜度的同时,又提高了用户体验。

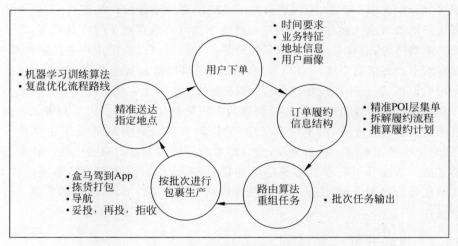

图 3-33　盒马鲜生物流服务链

除了快速的物流配送服务,盒马鲜生还有以下两个特点。

1) 新颖的产品组合

盒马鲜生打造了线下、线上的新型零售模式,充分发挥了两者优势,为消费者提供更加全面的服务:在线下,用户通过线下商城可以直观了解产品质量,获得线下购物消费体验,而盒马鲜生在满足用户需求的同时可以获得用户对品牌的认可,从而对线上商城进行引流。而在线上,平台为用户提供更加丰富的产品选择,可以为用户发现更多消费需求。盒马鲜生的这种双线一体化服务模式,注重产品品质,深入挖掘消费者的生活需求,为消费者提供了优质的购物体验。

2) 供应链资源的整合

为了保证向消费者提供的产品品质优良,盒马鲜生不断向商品源头整合,在供应链上做到兼顾质量和价格,寻找二者的平衡。在果蔬选择方面,盒马鲜生直接溯源到合作农场,指定产品种植标准,严格要求种植过程中使用的土壤、水质等级,保证种植出最优品质的产品。而在肉类生鲜方面,盒马鲜生与供应屠宰场进行合作,将次日销售计划提前发布,供应商根据计划需求将商品打包,通过冷链运输到门店,在门店统一进行包装。盒马鲜生的这种供应模式,直接与供应商进行合作,减少了中间经销商的成本和时间,降低了产品的损耗,从而大大提升了产品的性价比,进一步为消费者对于产品质量的需求提供保证,实现了"用户—商品—场地"三者的最佳匹配。

3.15.3 盈利模式

盒马鲜生打造了线下、线上的新型零售模式,充分发挥了两者优势,为消费者提供更加全面的服务:在线上,平台为用户提供更加丰富的产品选择,可以为用户发现更多消费需求。而在线下,用户通过线下商城可以直观了解产品质量,获得线下购物消费体验,而盒马鲜生在满足用户需求的同时可以获得用户对品牌的认可,从而对线上商城进行引流。盒马鲜生利用互联网技术和智能物联网技术,结合先进的相应设备,进一步匹配用户、商品和场地三者的最优关系。

利用商品销售议价和采用商品预售的方式是盒马鲜生的一大盈利模式。商品销售的收入:源头直采,由于没有了中间环节,在保证新鲜的前提下也降低了价格,同时也增加了利润。目前来看,盒马鲜生的品牌和渠道影响力已逐步往上游产业链扩散。这提升了它在上游供应链的议价能力,比对手更有价格维度的优势。当这种优势折射到下游,使企业客户在盒马鲜生的拿货价更低,这样的价格优势不可忽视。

3.15.4 市场分析

与盒马鲜生做类似业务的还有多点、每日优鲜和百果园等。下面对盒马鲜生、多点和每日优鲜做比较,如表 3-2 所示。

表 3-2　竞品分析

对比项	盒马鲜生	多点	每日优鲜
模式	线上＋线下	线上＋线下	线上
终端	线上:盒马鲜生 App 线下:盒马鲜生门店	线上:多点 App 线下:与超市合作,超市门店提供多点订单自提	线上:每日优鲜 App
合作投资方	阿里巴巴等	物美、新华百货等	腾讯等
配送	配送半径为距门店 3km, 30min 快速到达 盒马鲜生门店为前置仓	配送半径为距门店 3km, 2h 到达 合作超市设置专门的仓库	全城配送,2 小时到达 自建前置仓
支付方式	支付宝	货到付款/微信支付/银行卡支付等	微信支付等

对比项	盒马鲜生	多点	每日优鲜
优势	(1) 门店运营,用户深度参与,黏度强 (2) 既是消费环境又是仓库,线上、线下同价,30min快速达,用户体验好 (3) 重模式下,一旦建立竞争壁垒,同行将难以复制	(1) 轻模式,易快速迭代占领市场 (2) 依托线下超市,产品质量有保障	(1) 精选 SKU 降低管理成本,节约仓储占压成本,降低损耗 (2) 前置冷链模式,缩短运输时间,提升用户体验 (3) 生鲜产品采用自产模式,保证渠道优势
劣势	(1) 重模式的运营需要高盈利的支撑,随着成本损耗增加,压力会转到消费者身上 (2) 定位中高端消费群体,配送半径小,用户群体有局限性	(1) 与超市的供应链共享,对超市依赖性强 (2) 相当于替超市跑腿,利润低	(1) 重资产,前期自建冷链物流体系花费较高 (2) 营销推广模式单一,用户黏性弱

此外,通过 SWOT 模型对产品做如下分析。

1. 产品优势(Strengths)

(1) 线上、线下一体化消费模式。用户在线下可以直观了解商品情况,满足用户对于商品质量的要求,与此同时,用户在线下取得信任之后就会更加放心地在线上购买,从而为线上商城进行引流。而在线上,平台为用户提供更加全面的商品类别,用户在线上下单高效便捷,平台也能通过评论区了解用户对于产品的反馈,进一步完善服务。

(2) 盒马鲜生拥有一整套全流程的物流体系,可以做到智能物流分拣,保证销售和物流的配套,从而提高配送效率,减少产品损耗。此外,门店的服务范围是固定的,对范围内客户的服务也保证了配送的质量和时间。

2. 产品劣势(Weaknesses)

(1) 固定配送距离难以满足用户需求。盒马鲜生固定了线下门店的配送距离,虽然这样有利于保证范围内的用户配送质量,但是同时很多服务范围边界的用户是否属于服务区域难以判定,这就导致很多用户在下单后等待许久,最后只能收到不在配送范围的反馈。

(2) 付款手段单一。由于产品基于阿里巴巴的企业背景,盒马鲜生最初的用户支付方式只支持支付宝支付,服务群体因此受到了限制,用户对于单一的支付方式容易产生抵触。对于这点,从应用商城的评论区可以看到,一些用户表现了自己的不满。

3．产品机会（Opportunities）

（1）随着互联网技术的不断发展，人工智能和通信技术的提高会进一步支持打开行业市场，为用户提供更加全面的服务。

（2）盒马鲜生拥有庞大的用户群，用户数量众多，而随着消费水平的不断提升，用户会更加重视商品质量，这对于生鲜市场是一个很好的机会。

4．产品威胁（Threats）

（1）盒马鲜生固定的配送范围要求是 3km，超出配送范围的用户不支持线上采购。想要进一步扩大市场，盒马鲜生只能通过增设新的网店以求覆盖更加广泛的服务范围，而现在门店的建立需要花费高额的成本，配套的物流系统也需要耗费成本，通过提高产品售价加快成本回收，又难以满足用户对于商品性价比的需求，从而流失大量用户，前后关系形成锚段，难以保证用户的消费体验，成为产品迅速扩增的阻碍。

（2）生鲜电商市场竞争越来越激烈。每日优鲜、叮咚买菜和永辉超市等布局，"京东到家"电商平台物流网络发达、服务系统完善，最新的地下物流系统宣告京东的强势崛起，不断兴起的竞争对手形成的威胁是盒马鲜生不可忽视的。

3.15.5　发展前景

从目前的情况来看，中国的消费市场是被互联网渗透得最彻底的一个，网购已经占到全社会零售总额的 13％，而移动支付的金额数是美国的 50 倍左右。但"纯电商"的模式在未来将会越来越难以为继，因此流量将会逐渐地被引导到这些更符合需求的平台上。所以，盒马鲜生正是在这样的消费模式下诞生的。它与传统超市最大的区别是，创造了新的消费场景和体验：有更好的性价比、可以即买即食以及提供快捷的到家服务。也就是说，对于传统消费场景的改革，目前的盒马鲜生是做到了。但是未来是否能一直这样稳步发展下去，还要看能否通过不同的营销方式，不断地给用户制造惊喜，维系用户忠诚度。

此外，疫情期间，消费者"线上下单，快速配送到家"消费习惯的逐步养成，对于积极建设线上、线下全场景的新零售龙头，有望持续抢占市场份额。但未来疫情终将被战胜，生鲜电商行业在经历短暂的繁荣之后，能否解决用户留存问题，才是行业未来的关键所在。从当前调查数据来看，疫情下新产生的生鲜电商用户未来使用意愿也比较高，有近一半用户表示未来会提高使用频率，对于行业来说，这属于利好信号。

从长期盈利需求来说，盒马鲜生想要实现营收，需要大量的客单量进行维持，而如何实现客流量的增长也是盒马鲜生未来需要考虑的方向。

3.16 "滴滴出行"案例分析[①]

本节从背景介绍、产品与服务、盈利模式、市场分析以及发展前景 5 方面对"滴滴出行"进行案例分析。

3.16.1 背景介绍

图 3-34 "滴滴出行"标识

"滴滴出行"(标识见图 3-34)是一款出行打车类应用,包含多项出行业务,例如快车、专车、顺风车、出租车以及滴滴代驾等。滴滴打车利用当前发达的互联网技术改变了用户出行的方式。相比传统的路边招车和电话招车的方式,滴滴出行运用定位功能和人工智能路线规划算法,颠覆了传统的打车方式,结合线上打车、线下坐车的模式,为用户和司机提供了更加便捷的对接。用户可以通过手机端提前输入出行目的地在平台上发布,司机根据自己的意愿接单,最大化地降低了沟通成本,节约用户和司机的时间精力,打造了全新便捷的司乘关系,在乘客和司机之间形成了商业闭环。

滴滴出行形成背景如下:

(1) 路边打车难。出租车行业在一定程度上缓解了人们的出行压力,但因司机与乘客匹配效率低下,司机空驶率高,车辆利用率低,"打车难"问题仍有待解决。

(2) 价格敏感。出租车司机为了提高单次客单的收益,更愿意接送远距离乘客,这导致有近距离打车需求的用户难以得到响应。乘客则往往因为接受不了乘车费用而拒绝打车,宁愿选择较为吃力的出行方式。

(3) 互联网支持。随着移动互联网技术的不断发展以及在线支付在人们生活中的普及,使得在线打车成为可能。此外,各大打车软件前期为了争夺市场采用向用户发送大量打车优惠券的方式,资本输出圈占市场的同时,为人们出行降低了成本。

(4) 用户需求多样化。用户需求在传统的希望快速到达目的地的基础上,随着人们生活水平的不断提高,衍生出许多对服务体验的追求,例如希望能够乘坐更好的车型获得较好的乘车体验。而对于想要节省花销的用户来说,拼车降低费用的需求也十分明显。而除了乘车之外,也衍生出了代驾等出行市场。

---

① 本案例由徐玉霞、周志强、程阳星、张弘煜、张克郡(来自福州大学 2015 级与 2016 级软件工程专业)提供。

3.16.2 产品与服务

1. 产品介绍

目前,滴滴出行是国内最大的出行平台,一站式提供多样化乘车服务。滴滴出行在中国 400 余座城市为近 3 亿用户提供出租车、专车、快车、顺风车、代驾、试驾、巴士和企业级等全面出行服务。滴滴出行 App 的功能模块包含出行方式、司机招募、推荐有奖以及消息中心等模块。"滴滴出行"结构框架如图 3-35 所示。

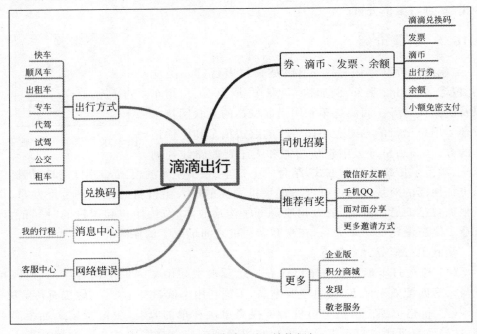

图 3-35 "滴滴出行"结构框架

滴滴出行的主要功能介绍如下。

1) 滴滴快车

滴滴快车通过高效的司乘匹配算法为用户提供了方便并且经济的出行服务。滴滴快车定位于大众市场,只要是有打车需求的智能手机用户,都可以通过滴滴快车迅速预约快车。且快车支持个体注册,对于有车一族,给了他们一个赚钱的平台,同时为乘客提供经济快速的出行服务。选择滴滴快车的同时,用户可以自行决定是否与他人拼车,若无急事,则可通过拼车与人分担车费,对价格敏感的用户而言,这是很友好的一种乘车方式。呼叫快车后可看到车辆信息,点击"分享"可分享行程给至交好友来为出行增加保障,同时可实时看到车主行车路线以及需要等待的时间。滴滴快车借助社会闲置车辆和运力,缓解城市高峰期运力短缺的现象,尤其使消费者上下班出行效率得到明显改善。

2）滴滴顺风车

滴滴顺风车对于市内或跨城距离较远的出行,可降低出行成本。用户可以在平台上发布自己的出行目的地,司机可以在平台上接受相同目的地的用户达成订单。之所以叫作顺风车,就是在不改变司机原来行驶目的地的同时,提高车上的乘坐量,此外,司机可以在承载能力内同时接送多位乘客,形成拼车模式,更大程度地降低乘客的出行成本。

3）滴滴出租车

滴滴出租车提供一键叫车,上门接驾。出租车业务使得之前随机性较强的打车过程变得可预测,乘客和司机都能更加高效地满足自身需求。

4）滴滴专车

滴滴专车可以满足用户希望得到更好乘车体验的需求。用户乘车前,需要提前一小时预约用车。专车的服务模式体现在：车型方面,选用一线豪华品牌的中高端轿车,保证车内环境和行车过程中的行车稳定;司机方面,驾驶员经过独立的招募通道进行招募,面试之后进行专业化培训和考核,从而获得滴滴"司务员"专属称号,进一步为用户提供高端服务。

5）滴滴租车

滴滴租车采用的是全程线上化服务及免费上门送取车模式,简化了用户租车流程并降低费用。工作人员免费上门送取车,无须花费额外费用,只要在服务时间内提前 2 小时下单即可。让每位需要驾乘的用户都随性出发,体验到自由自在的租车生活。

6）滴滴代驾

滴滴代驾满足不想或不能自主开车(如劳累、酒后等)的需求,同时为司机提供"结伴返程"功能。

7）滴滴公交

滴滴公交提供实时公交、包车和班车服务。

基于上述主要功能,滴滴打车的使用步骤如下：

（1）打开"滴滴出行"主界面。

（2）选择出行方式(快车、专车和拼车等)。

（3）选择出发地址和去向。

（4）点击"呼叫"。

呼叫成功后,平台将显示车辆的款色、牌号信息,以及司机过去的服务评价。同时可实时查看司机的行车路线及乘客的等待时间。另外,乘客可通过"分享"按钮将叫车信息分享给其他人,以作为最低安全保障。且一旦发现情况不对,可点击

"一键报警"按钮,向警方求助。

2. 产品特点

如图 3-36 所示的使用流程对比展示了滴滴出行方式相比传统路边打车方式的区别。传统的叫车方式为路边打车。从流程图可以看出,乘客必须要有空车经过才可以上车。有时候运气不好,乘客等候许久都没有上车机会,而且在价格谈不拢的情况下很可能需要重新等车。

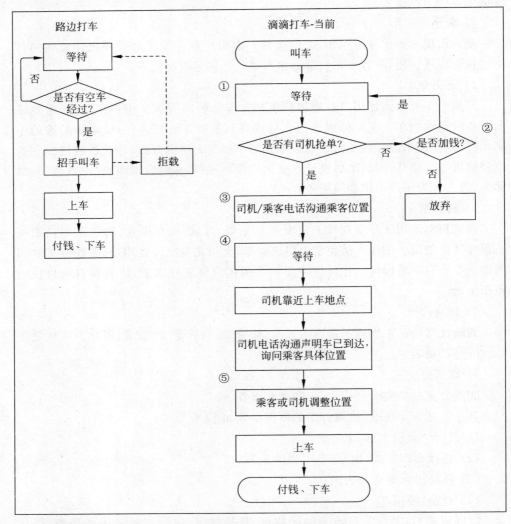

注:图中虚线表示拒载情况较少;图中加序号的流程为体验较差的流程。

图 3-36　使用流程对比

相比于传统的路边打车方式,滴滴出行的优点就十分突出了。乘客直接在平台上叫车,待匹配到最合适的车辆后等待上车即可,且在等待过程中司机可与乘客交流调整位置。使用滴滴出行方便快捷,对于客户和司机来说都很便利。

此外,相比其他现有的打车软件,使用滴滴出行方便快速,多样化的服务方式满足用户不同的需求。

3.16.3 盈利模式

图 3-37 展示了滴滴出行的主要业务模式。在业务模式基础上,滴滴出行的盈利模式有以下几种:

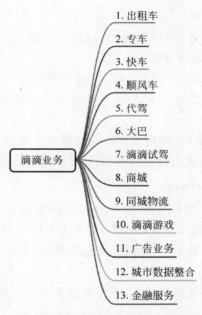

图 3-37 滴滴出行的主要业务模式

(1) 宣传费用。随着平台用户规模的不断增加,大量的流量和日活跃用户为平台带来商业变现的机会。平台与商家形成合作,在平台上发布商家广告,让更多的用户可以在使用过程中看到这些广告,从而达到很好的宣传效果。平台还可以进一步根据用户的使用行为和日常数据,分析刻画用户画像,从而可以更加精准地投放广告,良好的广告效益又提升了平台的能力。

(2) 平台调度收费。在司机和乘客之间,通过为二者提供精准匹配服务,保证用户乘车安全和司机开车导航定位,从而收取司机和乘客的平台服务费。根据大量司机反映,平台收费比例逐年增高。

(3) 客户增值服务。为客户定制化服务,推出会员机制,享受会员优惠制度,同时收取会员费用。

（4）金融服务。滴滴出行金融服务力求打造更加立体的服务方式,面向司机和乘客以及合作伙伴提供更全面的保障,已经推出了多种金融模块:有针对司机、乘客的信贷产品"滴水贷",也有针对合作伙伴的汽车金融解决方案,还有例如"点滴医保"的保险模块,将原来规模较大的保险产品碎片化成小型保险,降低用户的使用门槛。

3.16.4　市场分析

接下来,通过 SWOT 分析方式对产品进行市场分析。

1.　产品优势(Strengths)

（1）用户群体大。日常出行是人们生活的必要组成部分,滴滴出行的用户包含司机和乘客两种角色,用户群体大。

（2）操作方便,与微信和支付宝合作,支付方式多样。此外,与微信、支付宝形成绑定,用户借助常用的微信、支付宝就可以直接使用滴滴出行,软件使用成本大大降低。

（3）功能多样,价格适中,满足大多数人的需求。出行方式的多样化满足了不同场景下客户的需求。滴滴出行的多样出行方式如图 3-38 所示。

2.　产品劣势(Weaknesses)

（1）市场上打车产品越来越多,司机和客户的忠诚度难以保证。同类产品竞争之下,如果服务和报价没有更好的保障,就会大大影响用户使用率。

（2）司机群体采用招募制度,难以保证人员质量,甚至出现乘客人身安全受到影响的情况。

（3）随着平台用户体量越来越大,不再需要大规模引流,导致面向用户的优惠力度小,折扣活动越来越少。

3.　产品机会(Opportunities)

出行需求是大众的刚需,所有与出行有关的服务都可以成为扩大市场的方向,例如买卖新旧车和出行保险等业务,市场前景巨大。此外,还可以跟生活服务平台联动,获得更大的应用群体,开创新的商业模式。

4.　产品威胁(Threats)

对传统行业产生冲击,可能会引起抵制。前期为了打开出行市场,主要还是靠高额补贴手段来留住用户,也就是说,补贴高,用户使用率高;补贴低,用户可能转而使用竞争对手的产品。打车行业竞争对手强大,优步比滴滴出行起步早,且集团资金雄厚,属于全球性公司,并且还拿到了百度的战略投资,两者联合起来的威力不可小觑。

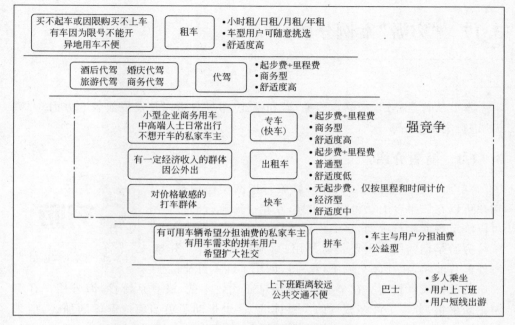

图 3-38　滴滴出行的多样出行方式

3.16.5　发展前景

　　滴滴出行利用当前的互联网技术改变了用户的出行方式,为用户提供出租车、专车、快车、顺风车、代驾、试驾、巴士等全面出行服务,提高了出行司乘效率,节约了出行成本,已经成为国内最大的一站式出行平台。滴滴出行探索了最符合中国国情的方式,在未来拥有巨大的发展空间,如何走好发展道路需要滴滴出行进行不断探索和实践。

　　滴滴出行作为较早推出在线打车方式的平台,已经积累了大量的平台用户和资源,其行业地位相比其他同类产品具有绝对的优势。基于这样的优势,滴滴出行积极拓展业务,不局限于出行服务,还推出了一系列相关服务,如滴滴公益、滴滴保险以及滴滴金桔宝等,力求打造完整的行业生态链。

　　此外,滴滴出行在大数据方面的积累也是它的一大核心竞争力。平台占据80％的市场份额,拥有海量的用户使用数据,数据价值不可估量。这些数据可以应用于广告的精准投放,或者出行方式的进一步升级,此外,对于未来自动驾驶领域的开拓,也有优势。正如滴滴出行首席技术官张博所说:"大数据才是滴滴的心脏。不只是滴滴产品的心脏,还是滴滴商业的心脏。"

3.17 "穷游"案例分析[①]

本节从背景介绍、产品与服务、盈利模式、市场分析以及发展前景 5 方面对"穷游"进行案例分析。

3.17.1 背景介绍

"穷游"(标识见图 3-39)是一款旅行指南类应用平台，用户可以在该平台上获得旅行指导，互相交流旅行心得，还可以制定智能旅行规划，享受机票预订、酒店预订等服务。

图 3-39 "穷游"标识

穷游早期的用户主要是海外用户，他们在平台上分享海外旅行经验，在社区交流旅行心得，创作了许多可读性强的旅行笔记或者指南。在早期，旅游信息还比较零散，没有系统性，海外用户在穷游论坛聚集，分享了许多旅行的一手体验，这也带动了更多用户群体的加入，后来新用户也带来了新的信息。"和时间做朋友"是平台的宗旨，旨在通过时间的积累，用户分享越来越多，信息不断积累沉淀，最终使穷游逐渐成为海外旅行最大的出行攻略平台。目前它也已经发展成为国内最大的出境游平台。

穷游的产生有如下背景：

(1) 中国在线出境游市场的发展。从 2012 年开始，中国在线出境游市场进入全面发展时期。碎片化在线出境游服务出现并呈现爆发式增长，自助游、主题游和定制游等不断涌现。此时人们出境的主要目的已经转为观光旅游和休闲购物。

(2) 政策因素。2022 年，签证手续简化，全球对中国实施免签、落地签的国家已达 89 个，旅游政策趋于完善，极大地方便了出境旅游的旅客。2014 年《国务院关于促进旅游业改革发展的若干意见》指出，加强旅游双边合作，办好与相关国家的旅游年活动，推动出境游市场发展。此外"一带一路"战略推进了沿线出境市场的发展。

(3) 消费者的需求不断提高。

① 旅游需要攻略指导。用户现在渐渐希望可以自己安排行程而不是选择跟团游玩，从而获得旅行时间和空间上的更大自由度，这就需要有一个平台可以为用

---

① 本案例由陈家豪、陈俊彪(来自福州大学 2016 级软件工程专业)提供。

户提供出行指导,包括目的地的特色景点、交通路线和美食小吃等。

② 旅游出行需要订酒店。除了旅行行程安排,住宿也是出行非常重要的一环。用户需要平台帮助自己在消费水平内选择喜欢的酒店,良好的居住环境和住宿条件会大大增加旅行的舒适度。

③ 旅游结束需要分享。大多数人希望在旅行结束之后能够及时分享自己的旅行经历,无论是以照片还是游记的形式,虽然可以在朋友圈分享,但是一部分旅行爱好者更希望能在旅行信息平台分享,从而可以与有相同分享需求的用户沟通,获得点赞和认可,寻找跟自己共同爱好的旅客,以实际经验帮助他们出行,进而获得分享指导带来的成就感。

3.17.2 产品与服务

1. 产品介绍

穷游是目前国内较大的出境游一站式平台,用户可以在这里获得出境游指导以及旅行攻略,可以在穷游社区与其他用户交流问答,还可以通过行程助手和穷游折扣模块,更好地指定自己的行程,以更加实惠且满足需求的价格订购机票、酒店和租车等服务。

穷游采用 UGC(用户原创内容)模式,其本身作为一个内容发布和浏览的平台,所有的内容都由用户创作和上传。这样既能保证内容的原创性和新鲜度,又不需要平台为内容产出付出额外成本。穷游专注出境自助游,以用户写游记、攻略和穷游锦囊为特色,将旅游攻略打包成独立展示册,可供下载。可以说,穷游是一款"旅游十社交十电商"类型的产品。旅游属性在于提供最快捷讯息,发现用户的"兴奋点";社交属性在于提高平台的留存能力和用户黏性,为后续的盈利创造良好条件;电商属性在于实现后续的盈利。

穷游结构框架如图 3-40 所示。穷游主要包含 4 大功能模块,分别是推荐、目的地、社区和我的(主页)。4 大模块又分别提供了不同的功能入口。

1) 推荐

在穷游 App 的首页就可以看到推荐模块,点击进入可以访问不同的功能,包括签到、看锦囊、旅游定位服务、购买折扣以及预订酒店服务。

(1) 签到。用户可以进行每日签到获得里程数,每次签到可以获得一个里程,积累里程数可以兑换不同的商品,之后与工作人员交流领取,从而进一步提高用户活跃度和用户黏性。

(2) 看锦囊。用户可以在这里获取来自旅行者分享的各地热门景点旅行攻略,下载之后可以支持无网络条件下的本地查看,从而方便用户规划出行安排,自主选择旅行服务,享受优质出行体验。

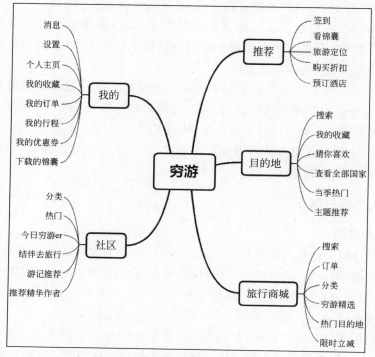

图 3-40 "穷游"结构框架

（3）旅游定位服务。用户可以定位目标旅游城市，主页就会切换到对应城市并提供该地点的旅行攻略、美食小吃和景点介绍等信息，供用户选择参考。此外，该模块还提供了同城聊天室和公告版，方便同城用户实时交流当前旅游问题或者心得，进一步让用户之间的问题可以互相解答。

（4）购买折扣。这是一个旅游项目电子商务平台，用户可以在该平台上选择出行服务，订购旅游项目，享受平台提供的优惠折扣。

（5）预订酒店。用户可以在海量酒店中挑选更加符合自己需求的酒店。平台提供了多维度酒店筛选功能，用户可以根据自己的入住时间和预期价位等进行筛选，从而预订酒店。

2）目的地

该模块提供了各大目的地的信息资讯，从不同级别进行划分。用户首先可以看到热门旅游国家，可以通过各大洲进行划分筛选，点击进入目的地后可以点击地图查看该国家的地理信息，点击"去过"就可以进行标注，之后可以查看该国热门城市和攻略信息；点击"城市"进入城市功能页面，这里除了提供地理位置和标注足迹的功能外，还可以查看城市热门景点、美食小吃推荐、交通出行方式以及酒店预订等服务。

3）社区

社区向用户提供了问答功能，以及旅游地点、签证保险等旅游事务的入口，点击进入后可以查看对应内容的帖子。帖子分为全部、最新、精华、游记、攻略、结伴、转让和讨论。同理，用户在发帖的时候可以选择相应的分类发布。帖子下可以看到楼主与其他用户的评论信息，如果觉得帖子有帮助或写得有意义，还可以对帖子点赞。

4）我的主页

在我的主页里，用户可以查看自己的关注对象，自己被谁关注，以及私信其他用户进行交流；还可以查看自己已经去过的目的地，形成出行足迹；此外，还可以标注想去的地方。

2. 产品特点

穷游向用户提供了丰富完善的景点信息，用户可以直接点击目的地入口进行查询，直接获得目的地信息，使用起来高效便捷。在攻略方面，除了有普通用户分享的攻略游记之外，还有专业用户分享的完整的旅行锦囊，信息更加全面，可供参考。在平台的整理下，这些目的地信息已经深入其中每个景点和美食地点，如此细致的攻略让穷游筑起了内容竞争壁垒，这些壁垒是通过长时间积累起来的，不会被轻易打破。穷游不断深耕旅游攻略，提高了平台信息对用户的可参考性，使得用户在出行前就可以充分了解所需的信息，从而更合理地制订出行计划，增加了用户信任度。

在用户获得全面的目的地信息之后，穷游还提供了购买折扣服务。用户在订购机票和酒店的时候，可以享受到更加实惠的价格，从而在平台上体验全套的旅行服务体验，实现了从旅行攻略制定到旅行住行，最后分享旅行游记，从而形成了完整的服务闭环。在这个服务闭环中，穷游并不是所有服务都由自己提供，而是提供了一个平台，引入其他旅行社预订酒店。这样的好处是专注做自己擅长的，让第三方来做他擅长的，一同打造最优服务体验。穷游形成服务闭环的好处是，随着越来越多人去享受这个服务体验，平台中的目的地信息就会越来越丰富，从而促进用户在服务闭环中体验越来越好，使穷游的口碑也越来越好了，自然也就吸引更多人加入。

此外，穷游还有两大属性特点：

（1）社交属性，以"旅行社区和问答交流平台"切入旅游市场，定位目标人群，构建社区，利用群体认可的旅游文化促进陌生人进行线上或线下社交互动。通过线上运营活动，如分享行程与玩法赢取奖金、对优质回答进行奖励和推出今日话题等，增加用户使用 App 的频次，进而提高产品的留存能力和用户黏性。通过线下运营活动,如体验馆、沙龙和青年计划(鼓励大学生出境游的一个活动)等,一方面增加产品在用户现实生活圈子中的曝光度,扩大影响力;另一方面将线上的陌生人间的弱关系链社交培养成线下的熟人间的强关系链社交,进而提高用户黏性。

(2)电商属性,平台内置旅行商城,提供旅游相关的服务(如门票、交通、保险、住宿、美食等)预定,可以从相关的服务商(如 Airbnb、米其林指南和 Uber 等)得到相应的佣金和独家费用。同时,吸引一些境外以游客消费为主要收入的机构与个人或者广告商进行合作,得到佣金和广告费。穷游作为一款主要面向境外游的产品,用户数量可观,用户黏性较强,盈利可期。

3.17.3　盈利模式

穷游有以下两大商业变现模式:

(1)广告收入。穷游通过自身影响力,直接与服务商进行沟通,可以为服务商提供广告和推荐服务,进而推广相关企业品牌与产品,获得收益。

(2)佣金收入。穷游采取折扣等方式,通过团体和量的优惠,为自由行用户提供优惠的机票、住宿、签证和租车等与自由行相关的产品,获取商业效应,进而为OTA(Online Travel Agency,在线旅行社)提供酒店、机票预订平台,从中获得佣金。

根据对穷游的采访,佣金收入和广告收入是穷游盈利的两大模式,其中80%以上的收入来自佣金收入,广告收入占比不大。

3.17.4　市场分析

如今,国内在线旅游平台总体用户数量增长趋势明显,用户越来越接受并习惯使用在线旅游平台,享受方便快捷的出行服务。穷游针对的用户比较年轻,主要以休闲、放松和观光为目的,希望旅行安全有保障,注重性价比,对美感以及思想都有独特的见解,乐于分享和交往,追求个性化和独立性,以及体验式消费、深度旅行、自驾出行和徒步旅行等。

目前在旅游产品市场中穷游作为以 UGC 为主的出境行产品,在市场覆盖和市场拓展两个方面相比途牛、携程处于弱势。穷游目前拥有庞大的 UGC 资源,能够为穷游用户们提供几乎覆盖全世界所有国家或地区的旅行信息指南。个性化旅游的兴起,使得资讯类旅游平台更有优势。依托大数据可以用来预售旅游产品,优化供应链资源分配。还有移动线下环境发展等都是未来的机遇。但是,盈利模式单一是穷游目前主要的问题,今后可以在"佣金＋广告费"的模式之外开辟新的盈利模式。此外,穷游的市场覆盖和市场拓展都和途牛、携程等第一梯队的产品有较大差距。

接下来,通过 SWOT 模型对产品做如下分析。

1. 产品优势(Strengths)

(1)穷游是国内首家、全球最大的提供旅游资讯和在线增值服务的提供商,拥有较大规模的用户群体,已经形成了较高的出国旅行使用口碑。

(2)通过智能算法综合旅游资源,为游客提供了高性价比的服务。

(3)作为最早的旅游网站,经过多年积累,拥有大量的旅游信息。

(4)拥有庞大且忠诚的用户群体,在用户之中形成良好的口碑,进一步使得用户自传播,扩大用户规模。

(5)整合旅游资源,做到了一站式的服务,对于用户来说,更加方便、快捷。

2. 产品劣势(Weaknesses)

(1)产品专注的是海外自助游,适用人群范围比较窄。

(2)95%出行用户是高收入人群,该群体具有高学历、高收入,其中,18~35 岁的用户比例超过 90%。从用户角度来看,未能实现产品的大众化。

3. 产品机遇(Opportunities)

(1)旅游业不断发展,人们生活水平的提高使人们对于旅游的需求越来越大,国内市场广阔。

(2)旅行方式新颖,特别是年轻人大都乐于尝试。

4. 产品威胁(Threats)

(1)国内同行业竞争激烈,如途牛、携程等产品瓜分市场份额。

(2)旅游行业的利润不高,需要拓展新的商业模式。

3.17.5 发展前景

穷游虽然可以为用户提供全面的咨询,方便用户对于目的地有大致的了解,但是对于针对性的行程指定所能提供的指导还不够深入。另外,在社区模块的经营上,用户的问题主要还是靠热心用户进行回答,没有设置回答奖励机制,难以充分调动用户交流的积极性。此外,除了签约作家和热门话题平台,没有提供其他的经营模式,这导致社区用户活跃度不足。现在,穷游处于商业认知阶段,效率和转化力已经不是这个阶段最关心的了,因为用户量足够,所以对用户满足度的需求上升了、用户活跃度上升了,内容提高用户黏度,需要用特色功能满足用户更多的需求。

针对穷游盈利模式单一,变现能力弱的现状,平台需要进一步提高变现能力。可以将内容转化为销售,搭建内容与销售之间的桥梁,提高用户付费能力;还可以拓展线下场景,提供线下旅游服务。对于线下旅游服务,穷游也已经开始了尝试。

3.18 "去哪儿"案例分析[①]

本节从背景介绍、产品与服务、盈利模式、市场分析以及发展前景 5 方面对"去哪儿"进行案例分析。

3.18.1 背景介绍

"去哪儿"（标识见图 3-41）是一款一站式旅游平台，是目前国内领先的在线出游平台，为游客与旅游服务供应商搭建起了更加便捷的桥梁，旨在为消费者提供更加全面准确的旅行信息，使得用户可以更好地规划出行。移动端给人们带来了巨大的便捷，使用户足不出户就可以先了解到目的地的攻略情况，用户还可以线上预订机票、酒店和高铁等服务，随时随地享受旅行服务。此外，平台还提供旅游团购产品，丰富消费者的出行选择。

图 3-41 "去哪儿"标识

该产品有如下产生背景：

（1）我国国民的经济能力普遍变得越来越好，因此越来越多的人有能力、有条件去旅行。

（2）在国家的大力发展之下，我国基础交通建设也是越来越发达，出行变得非常方便。在这样的大背景下，近些年来的旅游人数是在逐年增加的。但是同时，旅游人数增加也意味着有更多的问题，比如出行前该如何进行旅游攻略，如何住、行才能更方便安全，该如何购买保险？游客们需要更省事、尽兴的旅游规划的分享。

（3）互联网的快速发展为线上服务查询带来了各种便捷。

3.18.2 产品与服务

1. 产品介绍

去哪儿是国内首个旅行搜索平台，可以为用户提供旅行信息查询服务，帮助用户更加合理地安排出行计划，用户范围广泛。去哪儿兼顾网站和客户端的功能，实现全平台服务，用户可以在平台上更加高效便捷地获取旅行资讯，查询国内外机

---

① 本案例由丁伟宏、孟文翰、沈曦、赖冠宇、李毅伟（来自福州大学 2015 级软件工程专业）提供。

票、酒店、景点信息和旅行团购等,在食、住、行方面制定更加适合自身需求的出行安排。

平台的用户群体主要包括经常出差的商务人士、热爱旅游的学生,以及专业的旅游爱好者。零散地搜集旅游方面信息非常不方便,因而去哪儿的出现就使这些用户可以轻松地浏览旅游信息。对于经常出差的人士,虽然公司能报销一定的费用,但往往有一定的限额,所以去哪儿的特价机票、酒店及接送服务就很有必要。而对于学生,由于资金方面相对不足,所以学生的旅游更注重性价比,去哪儿提供了各种省钱游,酒店也可以双向对比,用户通过去哪儿可以获得便宜的机票、住宿,确定最优惠的旅游方案,满足了学生的省钱心理。至于专业的旅游爱好者,一个专业的旅游网站则是必不可少的。

去哪儿提供了团购游,价格优惠,路线多样,对于特别喜欢自助游的人群有度假路线搜索,该平台上可以找到各种各样的玩法,满足用户的各种旅游爱好。

去哪儿结构框架如图 3-42 所示。去哪儿主要有以下功能:用户可以在去哪儿网站中寻找旅行团,如果不想参团,可以查询相关信息,自行决定路线,并购买门票、车票或者机票、预订酒店等;商家可以借助去哪儿网站进行创意营销,实现管理以及交流等功能。

下面详细介绍去哪儿的功能。

(1) 交通功能:去哪儿与携程、飞猪等出行 App 的主要区别在于去哪儿面向旅游,所以机票的首页出现的多为境内外旅游城市。

(2) 住宿功能:去哪儿提供了超低价、经济型和豪华型 3 个级别的住宿,为不同的用户提供了合适的服务。对于每个酒店,去哪儿都有房型、位置、设施和点评的信息。此外,发布的机票、车票和酒店信息都有预定功能,并不只是单纯地发布信息。

(3) 门票功能:预定门票也是去哪儿的一个主要功能,大多数人的主要旅游方式仍然是参观游览景点,而每个景点都有自己的售票渠道,游客旅游之前必须考虑旅游地的售票信息,而去哪儿的信息整合使得用户不仅能快速买票,还能通过对比选择旅游地。在去哪儿网站上点击想要去的景点之后,出现景点的图片、位置、点评及天气等信息,功能模块有门票预订、特色看点、交通位置和用户评论。门票预订实现了订票的在线化,使用户节省了时间,也节省了景点的人力资源。特色看点像一本在线的导游手册,介绍景点的特别之处;交通位置则给出了景点的具体位置,游客可由专门的地图导航 App 找到合适的交通工具与路径;用户评论类似于电商的商品点评,给后来者以提示。

(4) 度假功能:度假是去哪儿的主要功能。作为旅游搜索引擎,为用户提供旅游地信息是该平台的最重要的功能。在度假界面,按照旅游地点分为推荐、本地、

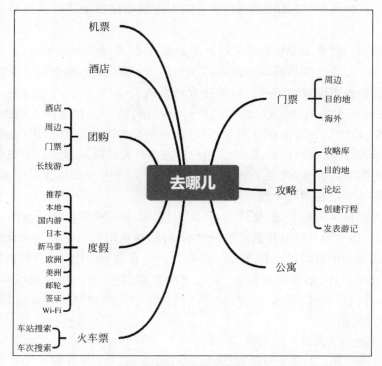

图 3-42 "去哪儿"结构框架

国内游、日本、新马泰、欧洲、美洲等模块,从小到大、从近到远,为用户提供了层次分明的旅游地选择。之后是邮轮、签证和 Wi-Fi 这 3 个有关旅游的服务。邮轮原为运输货物或运载旅客的交通工具,而现在,邮轮从旅游的交通工具变成了旅游地。去哪儿的"签证"模块可帮助用户解决一些办理签证出现的问题。而在通信(Wi-Fi)方面,去哪儿的解决方法是推荐租赁漫游手机与漫游卡。

(5) 攻略功能:攻略功能是去哪儿对于社交领域的探索,也是点评功能的延伸。与简短的点评相比,用户的攻略字数更多、信息量更大,类似于博客,用户之间相互交流,分享旅游经验,有利于增加用户黏度与参与度。

(6) 团购功能:团购功能与大众点评、美团相似,但和交通功能一样,主要面向旅游市场。

2. 产品特点

去哪儿平台主要有以下特点:

1) 价格实惠

平台通过对接用户和服务提供商,主打直销的方式,从而减少了中间成本。此外,用户可以在平台上搜索获得全面的信息,通过对比三家,也能搜索到更加适合自己的价格服务。

2）用户体验良好

在首页,用户就可以迅速找到自己所需要的产品;在不同的季节,网站也会推荐给用户比较适合出游的目的地,给用户更多的选择机会,并且在安全提示、支付提示等多个环节进行提醒,减少出错的可能性。

3）资源整合能力强

对旅游资源、酒店资源整合以后,游客可以自行选择,找到自己心仪的方式和服务;景点和酒店获得了客源,通过这种良性循环,使去哪儿的资源更丰富,从而更好地发展。

4）专业的搜索引擎

与百度、谷歌这类通用的搜索引擎不同,去哪儿专注于旅游信息的垂直领域搜索,定向服务内容可以更专业地服务于用户,为用户提供精准旅游搜索信息。

3.18.3 盈利模式

去哪儿的收入主要来自两方面。

一是广告收入。广告收入可以划分为两种收费模式。第一种是点击付费模式:在平台上投放广告链接,针对上游厂商按照消费者实时的点击量进行收费。消费者在平台上搜索旅游资讯时,可以点击相应感兴趣的链接转跳到供应商网站,根据实时点击量,平台向商家收取一定的费用。目前,去哪儿用户规模庞大,用户日活跃度高,高点击量可以为平台带来付费收益。另一种是广告展示收费模式,针对广告投放商在平台主要区域展示广告,从而收取一定的费用。

二是预订收费。去哪儿还开创了根据酒店预订电话时长收费的新方式。最初,去哪儿是主打机票比价,因而迅速走红,在获得一定客户量之后,去哪儿开始向酒店领域拓展,推出了"酒店直通车"活动,从而吸引各大酒店入驻平台。活动中,平台推出在线预订的模式,按照用户预订酒店的电话时长进行收费。首先,酒店在平台上可以建立自己的主页,得到免费推广。然后,用户搜索酒店之后,可以在线预订酒店,平台不涉及交易过程。不同于传统的佣金收费模式,预订收费根据用户预订酒店的电话时长向酒店进行收费,收费标准在每分钟两元左右。

3.18.4 市场分析

接下来,通过 SWOT 模型对产品做如下分析。

1. 产品优势（Strengths）

1）满足用户需求

作为一款中立、智能、全面的旅游资讯比较搜索平台,去哪儿网对用户进行旅游产品选择和决策的作用日渐突出。平台整合了国内在线旅游产品并提供高价值信息。

2）技术优势

平台不断迭代技术水平，为用户提供更加专业的旅游信息深度搜索服务，并且逐渐形成了在数据详细程度、数据范围、数据时效性、搜索反应时长、数据搜索量对比过滤功能等方面的技术优势。同时，用户可以借助平台工具进行过滤筛选自己感兴趣的内容，快速找到目标信息。全面的比价系统还可以使用户在众多服务中选出最适合自己消费需求的服务，完全拥有选择权。

3）产品优势

平台具有快速实时、广泛搜索和信息全面 3 大特色。打造了 4 大核心产品：机票搜索频道、酒店搜索频道、特惠搜索频道和签证搜索频道，充分满足用户不同层次的需求。

2. 产品劣势（Weaknesses）

（1）接入旅游信息的质量不高。作为旅游搜索平台，搜索数据的质量是至关重要的，但是在平台上出现了不少反馈，表示在搜索结果中酒店价格、机票价格等服务信息不准确，这一问题严重影响了用户的使用体验和对产品的信赖。

（2）市场细分不够。旅游类平台的访问者可以划分为私人旅行用户和商务旅行用户，不同的用户对于旅游过程中的交通方式、行程安排和餐饮住宿有着不同的需求，更重要的是，在时间安排上存在巨大差别。此外，不同年龄段用户在经济实力、消费水平等都有其独特性，需求多种多样，因此平台需要为用户进一步划分细分领域。

（3）技术上还难以像百度、谷歌搜索引擎那样形成壁垒，需要进一步研发迭代。

（4）没有像携程一样的庞大客户群和被广泛认可的服务能力，网站流量较低。

3. 产品机遇（Opportunities）

（1）专业比价搜索引擎是在线旅游网站的重要营销渠道。

（2）生产商和制造商通过增加分销商的数量和形态的方式，避免形成一家独大的情况，这就使得市面上的同类消费服务拥有更多选择，用户比价需求日益形成。

（3）消费者更趋向于理性消费，因此越来越重视方便、快捷和性价比高的产品。

4. 产品威胁（Threats）

（1）受到携程、百度等网站品牌影响力的强大压力。

（2）网站中的一些具有价格优势的非品牌产品不容易被消费者接受,成为竞争对手的攻击点。

（3）搜索结果的实用性、准确性受到质疑。

3.18.5 发展前景

目前,国内旅游市场主要可以分成度假游服务、机票预订和酒店预订 3 大内容,这 3 大内容组成了旅游业的核心板块,但是目前去哪儿并没有很好地做到 3 大板块的结合,因此平台可以在未来打造个性化旅游推荐,形成出行一条龙服务,根据用户兴趣和喜好智能规划出行安排,解决用户从出发到返程过程中可能出现的问题。理想产品是当用户有旅游想法时,就推荐相关攻略、游记、景点介绍、路线,以及需准备的物品,然后加上出门到回家涉及的一系列旅游服务。近阶段,可以先把"机票＋酒店＋景点＋美食"服务先结合起来,后期慢慢加上其他服务,尽量方便用户。此外,去哪儿还可以继续拓展旅游周边产业,如旅行装备、休闲娱乐等服务,将服务范围继续做大、做强。

此外,对于平台的未来发展有以下两点改进建议:

（1）改进网站页面。目前仍存在一大部分消费者对于电子商务的认知还不够高,还缺乏对电子商务的使用意识。平台一方面可以积极引导新用户的消费意识,培养使用习惯;另一方面需要进一步提高产品自身的使用便捷性,让信息更加容易检索。平台在拓展中提炼核心功能,将其放置在主页明显处方便用户使用;同时,还可以利用多媒体技术,提高显示的视觉效果,将许多图片的介绍改进为视频介绍;还可以设置互动栏目,提高用户在平台的互动性,从而增强用户交流。

（2）改进服务内容。如今,电子商务体系还待进一步完善,线上支付方式还存在一些隐患,这使得网络平台交易过程中的安全性难以得到保证,从而影响用户信任度。平台可以完善配套服务,提高服务质量,提供更加完善的会员体系和折扣优势,从而扩大对新用户的吸引力和老用户的留存度。可以推行线上、线下结合的交易模式,让用户的交易更加安全可靠。

3.19 "小猪短租"案例分析[①]

本节从背景介绍、产品与服务、盈利模式、市场分析以及发展前景 5 方面对"小

---

① 本案例由杜素真、郑晓雯、张彤、吴鸿森、陈一聪(来自福州大学 2015 级与 2016 级软件工程专业)提供。

猪短租"进行案例分析。

3.19.1 背景介绍

"小猪短租"(标识见图 3-43)是一款短租民宿应用平台,用户可以在这里享受房屋租赁到各类民宿的服务。在该平台上,房东可以分享闲置居住场所,可以是房源、房间甚至是沙发、帐篷,区别于传统酒店住宿方式,为房客提供更加有家庭氛围和高性价比的住宿选择;房客可以享受到更加具有人文气息的民宿,可以与不同的房客一起交流,体验地方特色文化,感受没有局限的居住方式。目前,小猪短租的房源种类丰富,各具特色,有普通

图 3-43 "小猪短租"标识

民宿,也有四合院、花园洋房和百年老建筑,还有绿皮火车房、森林木屋和星空房等,可以满足用户的不同需求。

小猪短租的产生背景如下:

(1) 随着生活水平的不断提高,人们对于旅游过程中的住房体验提出了越来越高的要求,标准化的酒店住宿已经不能满足人们的需求,而在线短租平台提供了多样的居住方式,可以让人们选择住宿环境,进一步填补了当前旅游市场的空白。

(2) 共享经济渐渐在人们生活中流行起来,并且已经渗透到了各行各业,其中不乏交通和家政行业,开创了新的商务模式。使用而不占有是共享经济的一大核心理念,充分利用闲置资源,在分享的同时可以获得一定收益,而对于租赁者来说也有了选择,同时这也符合低碳环保的新生活方式,有助于进一步提升社会效益。普华永道会计师事务所预测,2025 年,全球共享经济产值可达到 2300 亿英镑,共享经济将成为未来的发展趋势。在这样的背景下,结合了短租方式和共享经济理念的商业模式将会创造巨大的社会与经济效益。

3.19.2 产品与服务

1. 产品介绍

小猪短租是很好地实践了共享经济理念的本土产品,在房东和房客之间搭建了一个更加便捷有效的沟通和交易桥梁,使得房东的闲置资源可以充分发挥价值,同时房客也可以在特色的房源条件下感受到更多人情氛围,进一步促成了房客和房东之间的社交关系。小猪短租创造了一种新的生活方式,充分发挥了房源在线共享的意义,这让平台快速收获了大量用户。

总体而言,小猪短租目标用户群体呈现以下特征:热爱新事物,互联网是他们生活的重要组成部分;多为年轻用户,追求高性价比的住宿条件;有不定期外出的

职业需求或者爱好。

小猪短租结构框架如图 3-44 所示。用户租房的具体操作流程也十分简易,主页界面处有鲜明的选择栏,用户根据个人需求按照提示进行操作即可。

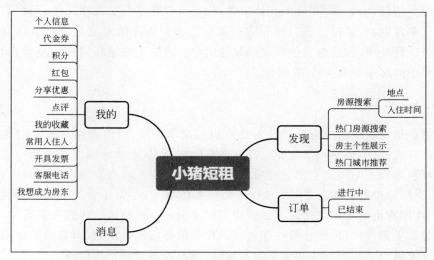

图 3-44 "小猪短租"结构框架

下面以网页端的操作为例进行预订流程的示范。

(1) 注册并登录账号,用户在主页选择框内确认房源地点及入住时间。

(2) 在下一个页面进行详细的房源要求选择,包括房源类型、入住人数、价格、位置、户型、设施等。

(3) 在选择了有意向的房源后,用户可以通过小猪短租提供的实拍照片、详细介绍、位置地图、预订须知、入住点评等信息对房源进行更进一步的全面了解。

(4) 确认完房源信息决定预订后即进入预订界面,按照要求进行订单填写、房东确认和支付定金等流程即可完成预定。

2. 产品特点

小猪短租发挥共享理念优势的商业模式,很好地满足了不同客户的需求,市场定位精准,其核心逻辑其实就是将闲置房源重新利用起来,在增加房主收益的同时,让房客享受到不同的住房体验。小猪短租这样的资源分配方式一定程度上颠覆了传统住宿市场,融合了住宿、社交、共享理念以及互联网为一体,连通了短租消费市场和资源共享市场,建设了一种新型的绿色生活平台。小猪短租以 C2C 的商业模式,凭借自身创新优势成为一个年轻的、充满活力的共享经济主力企业。

3.19.3　盈利模式

小猪短租的盈利模式主要采用收取佣金的方式。首先,房东可以在平台上面发布房屋信息,例如图片、价格和位置等,用户可以在平台上搜索房源,与房东联系达成订单意向,再通过第三方平台进行支付。而在入住结束之后,房东、房客可以在平台进行互评,评论内容也可以供其他用户参考。小猪短租对用户免费,而在交易过程中向房东收取10%的佣金。

3.19.4　市场分析

将小猪短租与同类竞争产品木鸟短租和途家比较,可以看出3家平台大致的功能是一致的,但是在细节方面也都有各自的特色,从而为不同需求的用户带来更好的用户体验。木鸟短租注重对房东的服务,并为房东提供了多项专属服务,例如微店、求租抢单等;而途家则更加注重对房客的服务,丰富了会员卡和积分兑换等服务,在用户论坛和用户社区方面做得更加全面;小猪短租的功能比较简单,但是也都覆盖了重点项目,管家服务和收款方式的服务已形成口碑,再者小猪短租也是唯一一家做到向用户默认赠送保险的平台,用户可以得到更多保障。

接下来,通过SWOT模型对小猪短租做如下分析。

1. 产品优势(Strengths)

1)房源丰富

小猪短租的房源多为个人房源,提供特色民宿,包括四合院、花园洋房、绿皮火车房和森林木屋等,更有名人房东房源,比如最美女排国手的花店住宿、著名导演的胡同四合院等。小猪短租2016年1月推出的"城市之光"书店住宿计划,已联合20家书店打造具有人文情怀的房源,丰富了共享经济的精神内涵。而2016年5月份推出的"乡村美宿"计划,助力乡村旅游的可持续发展。由此看出,小猪短租的房源的个性化特点,也是吸引房客的一个重要因素。

2)成本优势

一般传统酒店在发展前期需要投入巨额的费用,包括土地成本、建造成本和人力资源成本等。相对于传统酒店,小猪短租拥有一定的价格优势。小猪短租属于轻资产模式,即利用闲置资源直接出租,无须投入巨额费用即可扩展房源,边际成本低。低成本直接反映在低价格上。低价格的优质房源对于消费者无疑是充满吸引力的。同时,这种低成本的优势也侵蚀了酒店的市场份额,对传统酒店造成威胁。

3)注重用户体验

小猪短租在房东和房客之间提供了更有保障的在线交易平台。首先,房东和房客在使用时都需要完成实名认证,双方可以看到彼此的交易信息并且在入住之后都可以互相评价,保证了交易的可靠性。此外,对于房东来说,小猪短租不仅提供了免费的宣传推广机会,还为房东提供专业拍摄团队实地拍摄,并且进行培训和保洁服务,以及家庭财产相关保险,房东可以租得更放心;而对于房客来说,平台提供充分的房东信息资料可供查阅,还有"房客报账计划"保障房客人身安全和财产安全,让房客住得放心。总地来说,小猪短租构建了一个安全可靠的中间平台,为房东、房客提供信息,实现了高效选择,此外,独特的住房体验还可以拉近房东、房客之间的距离。

2. 产品劣势(Weaknesses)

1)社会信任度仍待培养

共享经济理念需要建立在社会信用体系的基础之上,这在短租市场也是同样重要的,然而房东和房客只能在线上进行交流,难以形成有效的信任。虽然小猪短租对房源进行了实地拍摄以此来保证房屋的真实性,但是随着用户规模和房源的不断增大,房源信息机制难以维持;此外,平台在线上难以获取房客的信用数据,这增加了平台审核的难度。在这种情况下,要保证房客对房源的信任,同时房东要相信房客会文明居住,对平台来说是一大难点。例如爱日租在 2013 年的关闭,就是由于信任系统难以维持导致平台崩溃。在当前是人与人之间信任感建设成本高的时代,建立安全可靠的交易关系是小猪短租的一大考验。

2)房屋共享消费观念尚未养成

虽然共享经济在住宿市场中有着巨大的前景,也已经渐渐走进人们的生活,但是当前市场规模仍然有限,甚至出现供少于求的情况,共享住宿的方式还是不能被广泛理解。欧美地区早在 20 世纪就出现了共享沙发的房屋分享形式,然而国内真正兴起是在 2011 年。对于注重传统观念的国人来说,分享房屋需要付出的管理成本、安全成本和社交成本甚至会超过分享收入,此外,房客也在一定程度不习惯居住在别人家里。所以说,目前国内房屋共享的消费观念还没有真正形成,共享房屋资源和房客接受度一直难以保证,这样保守的消费状态使得小猪短租依然难以扩大市场。

3. 产品机遇(Opportunities)

1)互联网高速发展

截至 2016 年 6 月,中国网民规模达 7.10 亿,其中手机网民规模达 6.56 亿,占比高达 92.5%,由此可见移动互联网和智能手机在中国的普及度之高,而共享经济的规模效应正是建立在此基础之上。首先,用户可随时随地在小猪短租官网或小猪短租 App 上寻找以及预订短租房屋,并且通过网络在线向房东支付房费。其次,社交网络的广泛应用为小猪短租的房屋共享经济模式打下坚实的基础。随着移动社交网络的成熟,在线短租平台用户与陌生人之间渐渐产生信任,使得从分享信息阶段进入分享资产阶段。

2）消费群体需求变化

如今,国内住宿业群体渐渐发生了变化,传统的酒店住宿方式已经不能满足人们的需求,新一代消费群体侧重于对新住宿环境、更高住宿体验的追求,这些都是小猪短租的潜在客户。这类客户更加享受新的住宿模式,更加注重个性化住宿体验和社交模式。而小猪短租 C2C 推行共享理念的方式,能很好地满足这类用户的需求。

3）国家支持共享经济

国家大力支持共享经济,为房屋共享经济的发展提供了政策保障。2016 年 7 月,交通运输部等七部委公布《网络预约出租汽车经营服务管理暂行办法》,明确了网约车的合法地位。这表明国家肯定了共享经济新业态下出行共享领域,鼓励闲置资源利用,提高出行效率。2015 年底,国务院颁发了《国务院办公厅关于加快发展生活性服务业促进消费结构升级的指导意见》,提出"要积极发展客栈民宿、短租公寓、长租公寓"。同时,商务部也提出"加快建设民宿短租平台,开发闲置资源,扩大住宿服务供给"。这些政策对于共享经济在国内的健康发展具有深远影响,也暗示着共享住宿领域终将获得合法地位。

4. 产品威胁（Threats）

1）价格优势难以保持

在线短租的优势之一是高性价比,然而短租的成本不断提升,从房源的装修、维护到管理等成本都在增加。除此之外,短租房屋的质量不断提高,从沙发分享到特色民宿分享,潜移默化地提高了用户对房源的要求。因此,质量差的房源很可能被淘汰,而价格也不再是在线短租的优势。

另外,传统酒店需向国家缴纳税款,而小猪短租的房东目前还没有开始向国家缴税,对传统酒店来说这是一种不公平竞争,这种情况不可能持久。未来的发展趋势是小猪短租的房东缴纳或由小猪短租代缴纳酒店税,由此增加其价格成本。

2）竞争对手增多

在短租市场的兴起过程中也必将面临市场被其他产品瓜分,例如木鸟短租、途家以及游天下短租等平台也得到了大量用户的认可,此外,国际短租巨头 Airbnb 渐渐打入中国市场。其中,木鸟短租目前具有巨大的房源优势,房源高达 135 万套,形成强大的竞争力;途家则主打 B2C（Business to Customer,商家面向消费者）的模式,利用资金从企业端入手获取大量房源,并提供了统一的管理住宿服务;游天下短租则侧重服务,包括问答、结伴服务。小猪短租除了有其他短租平台的威胁,还有来自传统酒店的挑战。传统酒店本就拥有庞大的用户群体,同时也推出了许多个性化服务,满足不同用户群体的需求。要想在多重竞争对手中抢占市场,小猪短租的压力还是非常大的。

3.19.5 发展前景

对于小猪短租的发展提出以下两点建议:

(1) 多元化发展。小猪短租应当发挥平台主打轻资产的运营优势,继续扩大自身多元化发展,从而实现用户住房自由的愿景。在房源上,要继续保持多元化的房源特色,同时打造类似电影、文化等不同的主题房源,丰富客户个性化选择;在地理位置上,除了发展热门城市的房源规模,还可以挖掘小众城市的新型房源,从而扩大全国房源的覆盖率;此外,小猪短租还可以制定多元化定制方案,满足不同消费水平的用户群体。而在发展多元化的过程中,房源信息的质量和可靠性依然是需要重点把关的内容,优质房源一直都是短租平台的立根之本。

(2) 加快完善社会征信体系。相比于美国征信体系,国内征信机制目前还尚未健全,美国拥有相对成熟的征信体系,使得犯罪成本很高。国内低犯罪成本的情况使得在共享房屋租赁领域容易出现房主和房客之间侵权或者欺诈的行为,甚至出现治安问题。由于征信体系的差距,国内外短租市场发展水平出现较大差别。小猪短租作为一款 C2C 短租产品,虽然已经与芝麻信用有所合作,但在征信体系方面仍需要不断健全服务。最理想的状态是,平台能跟政府形成合作,推进征信体系建设并且建设供需端评价体系,这样才可以更好地保障平台的可持续发展。

3.20 "收钱吧"案例分析[①]

本节从背景介绍、产品与服务、盈利模式、市场分析以及发展前景 5 方面对"收钱吧"进行案例分析。

3.20.1 背景介绍

"收钱吧"(标识见图 3-45)是一款为商家提供移动支付收款的应用,是国内数字化门店综合服务商。平台除了为商家提供收款服务,还提供广告、商家社区、营销管理和供应链等服务,其产品理念是"服务千万商家,全能生意帮手",旨在全方

---

① 本案例由陈一聪(来自福州大学 2016 级软件工程专业)提供。

位解决线下商家开店过程的各类需求。

收钱吧的产生背景如下：

图 3-45 "收钱吧"标识

(1) 移动支付已经渐渐走进人们的生活并且发展迅猛。仅在 2013—2016 年,中国移动支付年交易量已经由 1.3 万亿元增长到 35.33 万亿元人民币的规模,翻了 30 多倍。其中,支付宝和微信支付占到了全国 90%的移动支付份额,两家几乎一手推动了中国"无现金社会"的提前到来。然而,无现金社会中还有个不可忽视的推动者,便是聚合支付。

(2) 聚合支付,也叫作集成支付,是指利用自身技术,将多种互联网支付方式整合成为接口,与银行或非银行支付方式形成对接,从而为商户提供一体化支付平台。对于商户来说,聚合支付可以帮助它们统一集中支付方式,一次平台建设就可以支持多种支付,从而面对不同支付习惯的用户也都能满足他们的需求,进一步实现了资金的统一管理,提高了收银效率。

移动支付初期的痛点是:大部分消费者具有移动支付能力并且形成支付习惯,而大部分商户却没有统一收款的能力。收钱吧创始人陈灏说:"我们要解决的就是帮助商家受理移动支付的付款,尤其是支付宝和微信的聚合付款。"

3.20.2 产品与服务

1. 产品介绍

收钱吧的产品最初包括收钱吧线上应用和收钱吧线下 POS(Point of Sales,多功能终端)机,可以共同帮助商户实现一站式统一收款。线上应用结合线下产品,商户只需要手机安装应用完成注册,连接好 POS 机就可以当作收款机使用。目前,收钱吧支持多种支付方式,其中包括支付宝、微信和银联卡支付等。

如今,收钱吧的产品不断拓展,已经有收款码、App、PC 端软件、智能 POS、API、扫码王、云喇叭等。用户如果经营的是微店,可以先尝试收款码和 App,一个收款码就能解决现在市面上的主流支付方式,包含支付宝、微信、QQ 钱包、京东钱包、百度钱包等。App 的后台有账单功能,日账单和月账单都是实时的,不在店里也能了解店里的营收情况。

收钱吧结构框架如图 3-46 所示。其主要功能介绍如下。

(1) 日账单、月账单功能:可供商户清晰地看到所有收款情况。收款方式可以在注册应用后,通过 App 直接扫码收款或者配合其他线下收款工具进行收款,同时还配套有语音提示收款金额。

(2) 快速提现功能:可以满足用户的提现需求。提现资金可以快速到账,其服务费低至 0.1%,如果出现延迟情况,平台还会予以赔付。

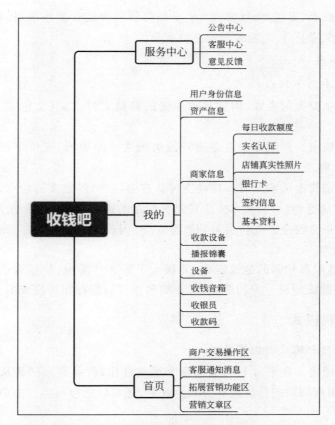

图 3-46 "收钱吧"结构框架

（3）自定义红包发放功能：可以让商户自定义发放红包，设置红包数量和红包金额，在客户使用收钱吧支付时，可以享受到红包优惠，这样有利于门店拉客。

（4）收款功能：商家使用收钱吧收款，即可通过收钱吧 App 申请，审核与到账快，额度提升快，款收得多，额度更高，还可直接抵现、购买收款工具、兑换围裙与计算器等各种各样的实用物品。

此外，收钱吧智能 POS 机作为平台推出的配套硬件设备，可以说是一款收款神器，可安装各种 App，因此特别推荐酒店、服装店、建材店、餐饮店、社区商店等商家使用，因为它们的消费者都采用到店消费的方式。收钱吧智能 POS 机特点如下：

（1）支持微信、支付宝和银联云闪付等主流移动支付扫码收款，支持储蓄卡和信用卡刷卡收款。

（2）是安卓系统，商家可安装自己需要的 App。餐饮、百货、酒店、旅游等各行业都能使用。

(3) 操作简单、配置高、性能强大：全新收钱包智能收款系统,操作简单流畅;支持 Wi-Fi、4G、蓝牙 4.0、随时随地都可交易。

2. 产品特点

收钱吧具有以下特点:

(1) 对接主要支付方式,例如目前主流的移动支付方式(支付宝支付、微信支付)。

(2) 系统稳定。系统不稳定是商户流失最主要的原因,支付不顺畅对于客户体验有很大影响。

(3) 资金结算准确和及时。移动支付具有金额小、笔数多的特点,而且收钱吧涉及多个支付通道,对平台技术要求较高。纠错的速度也反映出系统的技术差别。

(4) 保证资金安全。支付关系到资金安全,因此支付系统需要具备防攻击、反欺诈等风控能力。

另外,收钱吧有较强的地推能力,并深入了解客户需求,持续改进产品。先发优势和项目经验能造成一定的壁垒,客户端和银行端都存在转换成本。

3.20.3　盈利模式

收钱吧的盈利模式有以下几种:

(1) 产品销售。在平台上与其他商家形成合作,帮助商家销售从而获得产品返利,这也是团购网站的传统盈利方式。此外,还可以通过与第三方电子服务企业进行合作。

(2) 广告费获利。在平台上进行精准广告投放获利。随着用户规模的不断增大,流量带来庞大的广告商机,会进一步吸引商家进行合作投放广告。此外,由于价格比其他广告平台更低,所以更多商家愿意与平台形成合作。

(3) 商家推广费。帮助商家推广产品,从而形成长期合作,收取商家推广费用。同时推出用户服务满意度调查,收集用户使用情况,进而完善产品,提高产品服务质量。

(4) 交易佣金。作为消费者和商家之间的中间平台,可以在商家销售过程中,平台收取部分收益。

(5) 硬件销售。收钱吧推出一系列线下硬件产品,与线上平台形成配套,方便商户更加快捷收款的同时,提高了商家对硬件产品的使用率,进而可以获取硬件销售利润。

3.20.4　市场分析

接下来,通过 SWOT 模型对产品做如下分析。

1．产品优势（Strengths）

1）对账方便

收钱吧有手机版和电脑版两个对账系统，不论单店还是多店，交易都清晰明了。收款成功后，都有语音提示，并报出具体收款额度。

2）即开即用

收钱吧支持一分钟开通支付宝与微信支付，方便快捷。此外，还支持 Mpos 刷卡（可选），Mpos 方便携带，外观小巧，支持金融 IC 卡。

3）极低费率

收钱吧支持从零费率起收取交费佣金，还可以不定期参与支付宝和微信的营销活动，进一步节省开销。

4）即时到账

收钱吧支持多人收款，资金归集到老板统一账户。银行卡、微信采用 T＋1 结算模式，支付宝成为正式商户后，可进行实时结算。

2．产品劣势（Weaknesses）

（1）产品目前并没有明显的技术领先，难以形成技术壁垒。

（2）聚合支付同类竞品较多，同类产品之间竞争使产品的优势难以体现。

3．产品机遇（Opportunities）

在移动支付飞速发展的时代背景下，聚合支付的市场广大。随着扫码支付技术的不断完善，线下通过扫码的支付方式仍会是未来移动支付中的主要支付方式。而在增值服务方面，平台向商户提供信贷、营销等服务已成为一种趋势。总的来说，以线下扫码支付结合增值服务，将是未来平台的主要营收方向。

4．产品威胁（Threats）

（1）产品需要进一步保障商户资金安全。

（2）产品需要提高客户隐私保护能力。

3．20．5　发展前景

收钱吧的未来战略主要分为 3 步：①进一步扩大服务范围提高让收钱吧的渗透率；②将积累许久的功能模块、业务处理功能整合，做一个小的开放平台，供同行业的服务商借鉴；③积极配合中央银行对聚合支付的监管。

任何新的商业模式在发展初期都难以得到大众的认可，难免存在一定的争议，但随着本身不断完善，在解决生活问题提高效率的同时，模式渐渐也获得了官方认可。作为聚合支付的领先品牌，收钱吧肩负着太多使命。收钱吧 CEO（Chief Executive Officer，首席执行官）陈灏表示，在移动支付的蓝海时代，要用科技打造中国最大的基于移动支付的商业大数据服务企业，专注于线下商户信息化服务，用移动互联网和云计算技术变革线下商业的管理和营销模式，让商业数据价值最大化，使得再小的商户也能享受到移动互联网带来的便捷，帮助全球千千万万中小商户成为生意专家。

参 考 文 献

[1] 陈志国.创新创业与生涯发展实务指导[M].上海：上海交通大学出版社,2017.

[2] 乔辉,张志.创新创业入门教程[M].北京：人民邮电出版社,2020.

[3] 姚波,吉家文,周玉丰,等.大学生创新创业基础[M].北京：人民邮电出版社,2020.

[4] 黄海燕,刘玉.大学生创新创业基础[M].沈阳：东北大学出版社,2018.

[5] 李军凯,管清华.创新创业实训教程[M].成都：电子科技大学出版社,2019.

[6] 赵俊亚,李明.大学生创新创业教育[M].北京：清华大学出版社,2019.

[7] 牛荣键.大学生职业生涯规划与就业创业教育[M].上海：上海交通大学出版社,2017.

[8] 杨京智,王猛,杨忠.大学生创新创业基础[M].北京：人民邮电出版社,2020.

[9] 兰小毅,苏兵,吕美,等.创新创业学[M].北京：清华大学出版社,2019.

[10] 魏国江,林孔团,方蔚琼.大学生创新创业基础[M].北京：清华大学出版社,2019.

[11] 苏兵,兰小毅.创业理论与实务[M].西安：西安交通大学出版社,2016.

[12] 李伟,张世辉.创新创业教程[M].北京：清华大学出版社,2015.

[13] 孙洪义.创新创业基础[M].北京：机械工业出版社,2016.

[14] 周苏,褚赟.创新创业：思维、方法与能力[M].北京：清华大学出版社,2017.

[15] 姚凤云,郑郁,赵雅坦.大学生就业与创业[M].北京：清华大学出版社,2017.

[16] 杜永红,梁林蒙.大学生创新创业教育[M].北京：清华大学出版社,2018.

[17] 鲁加升.大学生创新创业概论[M].上海：上海交通大学出版社,2017.